國民皆兵說

국민개병셜 우성 박용만의 독립운동 방략서

2025년 3월 1일 초판 1쇄 발행

저　술	박용만
역　주	한애라 · 조정미
펴낸이	조정미

펴낸곳	반디서림 @ 스토리미디어랩
홈페이지	http://www.bandinews.com
	http://www.storymedialab.co.kr
이메일	echang@naver.com
등　록	2021.9.28. 제 561-2510020170000087호
가　격	28,000원
ISBN	979-11-962509-5-9(93910)

청년인 박용만

국민개병셜

國民皆兵說

박용만 저술

한애라 조정미 역주

반디서림

청년인 박용만

저술
박용만

1881년 강원도 철원에서 태어난 우성又醒 박용만朴容萬은 10대 초반의 이른 나이에 숙부 성촌醒村 박희병朴羲秉을 따라 상경하여 일어학당을 졸업한 후 일본으로 건너가 유학하며 조국을 둘러싼 정세에 눈을 뜨게 되었다. 귀국한 후에는 독립협회, 만민공동회, 상동청년회 등에서 활동하며 옥고를 치르기도 했다. 구국의 뜻을 품고 1905년 미주로 망명하여 1908년 해외 한인 최초의 독립군 양성기관인 한인소년병학교를 설립하고, 1914년 하와이 대조선국민군단과 사관학교를 창설하여 병탄 이후 실의에 빠진 한인들에게 독립의 의지와 큰 용기를 북돋아 주었다. 1919년 3·1 만세운동 이후 하와이 대조선독립단을 결성한 후 블라디보스토크를 거쳐 북경으로 활동지를 옮긴 후 통합 임정의 초대 외무총장직을 사임하고, 산재한 한인 무장세력의 규합을 위한 북경군사통일회의를 개최하는 등 무장 항일의 길을 견지해 나가다 1928년 안타까운 죽음을 맞이하였다.

역주

한애라 韓愛羅 Han, Ae ra

적지 않은 나이에 독립운동가 박용만을 알게 된 후 대학원에 진학한 늦깎이 역사학도이다. 상명대학교 사학과에서 석사, 서울시립대학교 국사학과에서 박사과정을 수료했다. 석사논문은 『박용만의 중국과 러시아에서의 민족운동』(2015), 연구논문으로는 「1910년대 박용만의 국제인식」(민족운동사연구 95, 2018), 「'독립운동가 박용만 피살사건' 재판의 배경과 전개」(한국학논총 63, 2025)가 있고, 친구 조정미와 공저로 「독립운동가 박용만의 출판 활동 연구-1910년대 미주와 하와이, 1920년대 중국 북경을 중심으로-」(한국출판학연구 116, 2024)를 발표하였다.

조정미 趙廷美 Cho, Jung mi

서강대학교 국어국문학과와 언론대학원에서 문학과 출판을 전공하였으며, 상명대학교 사학과 대학원에서 역사콘텐츠 전공으로 박사학위를 받았다. 현재는 상명대학교 학술연구교수로 재직하며 역사·출판·문학의 융합적 연구를 수행하고 있다. 근대 활판기술의 도입 이후 출판기술이 우리 사회에 끼친 영향에 관심을 갖고 있다. 그 과정에서 독립운동가 박용만의 출판활동에 주목하게 되었으며, 독립운동사 연구자와 출판/역사콘텐츠 연구자의 융합적 연구를 수행하고 있다.

책을 펴내며

　독립운동가 박용만의 대표적인 저서인 『국민개병설』에 관해 본격적인 관심을 갖게 된 것은 작년에 역주자 두 사람이 공저로 발표한 연구논문 「독립운동가 박용만의 출판 활동 연구-1910년대 미주와 하와이, 1920년대 중국 북경을 중심으로」를 집필하게 되면서다.

　논문에서는 박용만의 출간 도서 6종을 미주와 하와이, 중국 북경에서 펼친 독립운동가의 출판활동이라는 관점에서 분석하였는데, 6종 도서 중 5종은 독립기념관에 소장되어 있었으나, 대표적인 저서인 『국민개병설』은 소재를 알 수 없는 상황이었다. 그동안 관련 연구자들은 박용만 연구의 선구자인 방선주 선생의 저서 『재미 한인의 독립운동』을 통해 『국민개병설』 본문을 확인할 수 있었는데, 이는 미주 한인 언론인 『독립』에 실린 『국민개병설』을 영인한 것이다. 그 이후 국가보훈부에서 『독립』을 제공하고 있어 이를 이용하고 있다.

　역주자 두 사람도 이 두 편의 『국민개병설』을 비교하며 연구에 활용했다. 그러나 출판의 경위와 편집 형태를 확인하기 위해서는 전체 도서를 확인해야 할 필요가 있었다. 그러다가 감리교신학대학교 도서관에 『국민개병설』이 소장되어 있다는 것을 알게 되었다. 학교 측에 도움을 요청하여 표지, 표제지, 서문, 판권의 디지털 사본을 제공받음으로써 논문에 그 분석 내용을 반영할 수 있었다.

이런 과정을 거쳐 논문을 무사히 발표했지만 『국민개병설』에 대한 관심은 사라지지 않았다. 『독립』에 실려 있는 본문은 출간한 지 34년 이후에 다시 게재된 것이기에 표기가 다르거나 누락된 내용이 있을 수 있다는 점과, 표제지와 판권지에 기록되어 있는 '부록 ㅇ동군'이 어떤 내용인지 호기심이 점점 커졌기 때문이다. 이 문제를 해결하기 위해서는 1911년에 출간된 책의 전체 내용을 직접 확인해 보아야만 했다.

다시 감리교신학대학교 도서관에 도움을 요청하여 전체 도서의 디지털 사본을 제공받았다. 부록인 아동군의 내용을 처음으로 접하는 순간이었다. 장서인(藏書印)을 통해 이 책이 감리교신학대학교 초대 역사박물관장이었던 윤춘병 목사가 기증한 도서였다는 사실도 확인할 수 있었다. 그러나, 감신대본은 전체적으로 판면이 흐릿한 면도 있고, 스캔 과정에서 밀려나 내용을 판독하기 어려운 지면도 여럿이라 안타까운 면이 있었다.

그러던 중 1932년 9월 1일 자 『신한민보』에서 『국민개병설』을 비롯한 한국 서적들이 컬럼비아대학 도서관 한국 서적부에 기증되었다는 기사를 보게 되었고, 검색을 통해 컬럼비아대학 도서관의 한국학 장서 아카이브에서 『국민개병설』의 디지털 사본을 구할 수 있었다. 이 책은 바로 1931년 뉴욕의 한인 유학생들이 주도하여 '한국 문화를 미국 사람들에게 널리 소개하게 되기를 바라는 마음'으로 기부받아 기증했던 서적 가운데 하나였다.

컬럼비아대학교 소장본은 전체적으로 이미지 상태가 양호하였다. 물론 컬럼비아본에도 판독불가인 부분이 있었지만, 감신대본과 대조하여 빠진 내용들을 모두 확인할 수 있었다.

이번에 출간하게 된 역주본은 이 두 종의 디지털 사본을 저본으로 하여 원문을 온전히 소개하는 것을 목적으로 하였다. 이를 위하여 해제를 서두에 실었고, 현대문본, 원문본, 영인본 순으로 실었다. 현대문본은 114년 전에 출간된 책을 지금의 독자들이 쉽게 읽을 수 있도록 현대문으로 고쳐 쓰고 주석을 달았다. 원문본은 연구자들의 활용을 돕기 위해 옛한글로 탈초하였다. 영인본은 2종의 디지털 사본을 종합하여 누락된 부분들을 보완하고, 이미지를 보정하는 과정을 거쳤다.

박용만 선생은 1911년 이 책을 내면서 휴지 속에 있던 원고를 찾아내어 활판에 부치니 혹 도움이 될지 모르겠다고 했고, 원래 국문과 한문으로 쓴 글을 국문으로 번역하여 내다보니 얼마침 그 정신을 잃고, 광채가 감하여 유감이지만, 장래의 큰 이익을 위해 조선말이 세력을 얻어야 하므로 기쁘다고 하였다. 2025년 우리 역주자 두 사람은 오랜 세월 세상에 드러나 있지 않고 묻혀 있던 박용만 선생의 책 한 권을 찾아내어 선생의 바람대로 여러 사람이 쉽게 읽을 수 있도록 글을 다듬어 다시 활판에 부쳐 세상에 내보낸다.

  앞에서 말한 바와 같이 이 책이 나오는 데에는 차원을 넘나드는 억겁의 인연과 선인들의 도우심이 있었다. 잠룡(潛龍)이 모습을 드러내어 현룡(見龍)이 되었으니, 장차 많은 대인을 만나 이롭게 되기를 기대한다.

을사년 정월에
철원과 수원에서

일러두기

1. 이 책은 감리교신학대학교 도서관과 콜럼비아대학교 도서관에서 소장하고 있는 『국민개병설(1911)』을 저본으로 삼아 현대문본과 원문본을 함께 실었다.

2. 현대문본

   1) 원문의 내용을 손상시키지 않는 범위에서 가급적 현대문 표현과 띄어쓰기로 쉽게 읽을 수 있게 하였고, 필요한 경우에 한문을 붙여 썼다.

   2) 국가명이나 지명, 인명 등은 현대어로 바꾸어 썼다.

3. 원문본

   1) 활판으로 조판된 형태와 편집 상태를 그대로 유지하였다. 예를 들어 동일한 단어에 대해 다른 맞춤법으로 표시한 경우라도 원문 그대로 표시하였다.

   2) 식자(植字) 과정에서의 실수로 활자의 순서가 바뀌거나 글자가 옆으로 눕는 등의 경우는 바로잡았다.

차례

책을 펴내며 / 1
일러두기 / 5

[해제] 박용만, 국민개병을 설하다 / 9
   1. 박용만의 생애와 활동 / 9
   2. 『국민개병설』 저술과 발행의 배경 / 12
   3. 『국민개병설』 구성과 내용의 대강 / 20
   4. 『국민개병설』의 의의 / 30

현대문본 『국민개병설』 / 33
   국민개병설 자서 / 34
   서(최정익) / 36

국민개병설 / 37
1장. 군인의 정신 / 41
   첫째, 애국심 / 41
   둘째, 공덕심 / 43

셋째, 명예심 / 44

넷째, 자격과 참는 힘 / 47

2장. 국민이 다 군사 되는 주의의 그 시행할 방책 / 50

첫째, 가정 / 50

   1. 장난하고 행동하는데 편리한 수수한 의복 / 52

   2. 군인놀이, 장난감으로 병기를 가까이 / 53

   3. 평소 행동에 군인의 기운을 / 54

둘째, 학교 / 55

   1. 체조와 총조 / 56

   2. 운동과 장난 / 56

   3. 군율 / 57

   4. 군사상 지식 / 60

   5. 군사적 재조 / 61

셋째, 사회 / 65

   1. 사회의 조직을 정함 / 65

   2. 사회의 풍기를 떨침 / 66

   3. 사회의 이목을 일신 / 67

      ① 신문 / 68

      ② 광대놀음 / 69

      ③ 미술품 / 72

④ 문학작품 / 73
⑤ 노래와 음악 / 75

**3장. 국민이 다 군사 되는 주의와
　　　오늘 정형에 대하여 언론 / 79**
첫째, 단체의 군사교육 / 84
둘째, 개인의 군사교육 / 85

부록. 영미양국의 아동군 / 90
1. 아동군을 조직한 취지 / 91
2. 아동군의 조직 / 95
3. 아동군 감독의 권한 / 98
4. 아동고의 계명 / 99
5. 아동군의 법률 / 101
6. 아동군의 교육과 교과 / 107
7. 아동군에 들어오고 또 승차하는 시험 / 112
8. 아동군의 맹서 / 116

원문본 『국민개병설』 / 117
영인본 『국민개병설』 / 177

해제

박용만, 국민개병을 설하다

한애라

1. 박용만의 생애와 활동

1881년 강원도 철원에서 태어난 우성又醒 박용만朴容萬은 1928년 중국 북경에서 피살될 때까지 국내를 비롯해 일본, 미국, 러시아, 중국 등지에서 활동하며 항일독립운동에 헌신한 지도자급 독립운동가이다. 박용만은 흔히 대표적인 무장항일투쟁론자로 소개되고 있고, 이승만, 안창호와 더불어 미주 3대 지도자로도 알려져 있다. 그러나 독립운동 시기 그의 위상이나 활동에 비해 그에 대한 사료 발굴이나 연구가 부족한 것이 사실이다.

박용만은 숙부 박희병1)에게 큰 영향을 받으며 성장했다. 외교 통상

---

1) 박희병(朴羲秉, 1871~1906)은 1892년 회령감리서 경찰관으로 관직을 시작했고, 1895년 관비유학으로 게이오의숙에서 수학하다가 미국으로 건너가 로아노크대학에서 유학했다. 1898년 정부 소환으로 귀국한 후에는 농상공부 기수(技手)에 임명되었고, 1900년에는 조카 박용만을 동반하고 상업 시찰차 미국에 다녀오기도 했다. 1904년 평남 순천에서 사립시무학교 설립을 주도하고 소년들을 가르쳤다. 1905년 멕시코 이민 한인들의 참상이 전해지자 상동청년회 총대표 자격으로 현지 조사차 미주로 향하면서 유일한, 이관수, 이종희 등 평양과 순천의 소년을 데리고 출국했다. 이 소년

사무를 관장하는 통리교섭통상사무아문 주사主事로 개화관료였던 박희병이 관비유학생으로 일본 게이오의숙에서 수학할 때, 일어학당을 졸업한 박용만은 숙부를 따라 일본에 건너가 유학하며 박영효 등의 개화파 인사들과 교류하게 되었다. 숙부가 다시 미국으로 떠나 버지니아주 로아노크대학에서 수학할 즈음 청년 박용만은 귀국하여 만민공동회, 독립협회, 상동 엡윗청년회 등에 참여하여 급진적인 개혁·계몽 활동을 펼치다가 여러 차례 투옥되기도 했다.

1905년 미국에 도착한 이후 박용만의 활동은 독립운동사에서 '최초'라는 수식어가 많이 붙는다. 1908년 최초의 해외한인독립운동단체 대표자 회집인 '애국동지대표자대회'를 개최했고, 1909년 해외 최초의 독립군 장교 양성기관인 '한인소년병학교'를 설립했다. 또한 1911년 미주 한인사회의 대표적 신문인 『신한민보』의 주필을 맡아 최초로 임시정부의 필요성을 주장하여 '대한인국민회'의 설립을 주도하였다. 1912년 설립된 대한인국민회는 1919년 상해 대한민국 임시정부(이후 임시정부 또는 임정)가 수립되기 이전까지 미주, 하와이, 멕시코, 중국, 러시아의 한인사회를 망라하며 실질적인 임시정부의 역할을 했던 기관이다. 1912년 말 하와이 한인들의 초청으로 하와이로 건너가서는 대한인국민회 하와이지방총회의 기관지인 『국민보』

들은 모두 한인소년병학교 생도가 되었다. 1906년 조카 박용만과 콜로라도주 덴버시에 도착하여 노동계약이 종료된 한인노동자들을 위해 직업소개소와 여관을 운영하여 미 중부 한인사회 형성에 초석을 다졌다. 이듬해에 급성위암으로 병사했다.

의 주필을 맡아 혁신적으로 개편했고, 1914년 대조선국민군단과 대조선국민군단 사관학교를 창설했다. 1919년 3·1만세운동이 벌어지자 자신의 세력을 규합한 하와이 대조선독립단을 조직한 후 블라디보스토크를 거쳐 북경에 건너와 활동했다.

1919년 4월 상해 임시정부 임시의정원 회의에서 신채호는 임시정부 수장으로 박용만을 천거하기도 했고, 한성정부와 9월에 통합된 임시정부는 초대 외무총장에 박용만을 선출했다. 그러나 박용만은 위임통치청원을 한 이승만을 대통령으로 선출하고, 외교 노선을 선택한 임시정부의 외무총장직을 사임하고, 중국과 러시아령에 산재한 한인무장단체를 통합하기 위해 1921년 4월 북경 군사통일회의를 개최했다. 이 회의에서는 이승만에 대한 성토문과 상해 임시정부 불승인을 발표하고, 새로운 임시정부를 수립하기 위한 국민대표회의 소집을 결정했다. 그리고 재정방침안, 대미위임통치청원서 무효성명안, 영일동맹반대안을 통과시켰다.

군사통일회의에서는 임시정부를 대체할 새로운 정부를 수립하기 전까지 군정을 위한 임시기관 조직을 결의했는데, 이에 따라 박용만은 1922년 군사통일회를 조직하여 회장에 추대되었다. 군사통일회는 통일한 군대의 명칭을 '대조선국민군'이라고 정하고, 박용만은 총사령관을 맡았다. 이러한 일련의 활동으로 박용만은 임시정부의 가장 위협적인 '북경파'의 핵심 인물이 되었다. 이러한 활동으로 인해 임시정부와 적대관계에 놓이는 것은 당연한 일이었다.

한편, 박용만은 독립전쟁을 수행하기 위한 독립군 양성과 한인지대 조성을 목적으로 범재凡齋 김규흥金奎興과 함께 북경 흥화실업은행을 설립하기도 했고, 유력 군벌인 우페이푸吳佩孚, 펑위샹馮玉祥, 옌시산閻錫山 등과 접촉하여 결교結交하기도 했다.

이렇게 한인 독립운동의 흐름을 주도하며 비중 있는 활동을 하던 박용만은 1924년부터 통왜·변절설에 휘말렸다. 그러나 활동이 부자유스러운 상황에서도 그는 자신을 따르는 동지들과 지지 세력인 하와이 대조선독립단과 함께 독립전쟁을 준비하며 독자적인 활동을 이어갔으나 1928년 10월 17일 북경 대륙농간공사를 찾아온 두 명의 한인 청년에 의해 죽음을 맞게 되었다.

2. 『국민개병설』 저술과 발행의 배경

박용만은 1912년 미국 네브라스카 주립대학에서 정치학과와 군사학(ROTC 과정)을 마친 정치사상가이자 미군 예비역 장교였다. 그가 정치, 국제 관계, 외교 등에 관심을 두고 정치학과 군사학을 선택하게 된 배경에는 숙부 박희병의 영향이 절대적이었다고 볼 수 있다.

미국 망명 이전부터 박용만은 외세 앞에서 풍전등화의 신세가 된 조국을 구하고자 방책을 강구하고 직접 행동에 나서는 한편, 많은 저작을 통해 국민을 일깨우고 각성시키고자 했다. 현재까지 밝혀진 박용만의 저작 중 가장 이른 시기의 글은 1904년 감리교계 월보月報인 『신학월보』에 실린 두 편의 논설 「교논 정치의 근본」과 「십자군 격서」이다.

당시 상동청년회에서 회원을 관리하는 다정국장으로 활동하고 있던 박용만은 1904년 5월호에 「교논 정치의 근본」을 발표했다. 이 글에서 박용만은 국가의 정치와 흥망성쇠에 절대적인 영향을 미치는 것을 '종교'라고 했다. 그는 오늘날 중국과 한국이 치욕을 당하게 된 것은 유교를 믿기 때문이며, 영국·미국·독일 등의 신교국들은 프랑스·이탈리아·스페인과 같은 구교국보다 더욱 '흥한 나라', '강한 나라'가 되었다고 보았다. 그러면서 우리 또한 문명하고 부강한 나라를 만들고자 한다면 반드시 나라와 백성과 정치의 근본이 되는 종교를 연구해야 한다고 주장했다.2)

이 논설이 발표된 지 얼마 지나지 않은 6월 6일에 일본 정부가 대한제국에 황무지 개간권을 요구하는 일이 벌어졌다. 이에 이상설 등은 상소를 통해 일본의 침략성과 부당성을 알리며 적극적으로 저항했고, 박용만 또한 일본의 황무지 개간권 요구를 막기 위해 '보안회'가 조직될 때에 정순만 등과 발기인으로 참여하고, 간사로 활약

---

2) 『신학월보』, 1904년 5월호, 「교논 정치의 근본」, 210~214쪽.

했다. 황무지 개간권 요구를 철회하라는 집회는 상당히 격렬했다. 보안회는 서울에 있는 각국 공사관들과 접촉하고 상황을 알리며 협조를 요청하는 외교활동을 전개하기도 했다. 이러한 시기에 박용만은 『신학월보』 6월호에 「십자군의 격서」를 발표했다. 박용만은 1904년 7월경에 한성감옥에 수감되었다가 풀려났는데 바로 보안회 활동 때문이었다.

이 글에서 박용만은 우리의 영토를 지켜야 하는 이유를 설명하며 기독교인들이 '십자군'이 되어 적극적인 행동에 나서기를 요구했다. 즉, "우리는 과연 한국 신민이요 한국 자손이라. 영혼이 이미 이 강산에 의탁하고 육신이 또한 이 수토에 생장하야 살아도 이 나라 신민이요 죽어도 이 나라 신민이니 이는 하나님이 우리로 하여금 반도 대륙에 주인을 정하여 이 흙덩이의 흥하고 망하고 보전하고 못 함을 모두 우리에게 답착시키신 바라"고 하며 우리가 이 땅의 주인임을 상기시키고, 우리의 영토와 주권을 지키는 것은 곧 하나님이 부여한 한인들의 권리이자 의무라고 주장한 것이다.3)

이외에도 박용만은 『제국신문』의 논설위원으로 많은 글을 썼다고 하는데,4) 기명記名 논설이 아니라 당시 박용만이 쓴 글을 선별하는 일은 쉽지 않다. 그러나 미국으로 망명한 이후에는 종종 기명으로

---

3) 『신학월보』, 1904년 6월호, 「십자군 격서」, 256~260쪽.
4) 『주간조선』 291호, 1974년 5월 26일, 「名家의 現場-宇醒朴容萬」.

기사를 게재했고, 박용만과 박희병에 관한 동정이 소개되는 것을 보면 제국신문과의 연관성은 분명한 것으로 보인다.

이렇게 자신이 생각하는 바를 글로 쓰는 데에 머무르지 않고 직접 실천하며 활동하던 박용만은 미주 망명 이후 자신의 구상을 다시 실행에 옮기기 시작했다. 해외 한인 세력을 규합하고, '십자군'과 같은 독립군을 양성하기 위해 한인소년병학교를 설립하는 등 독립운동의 기반을 다지기 시작한 것이다. 1911년 3월부터 대한인국민회 기관지『신한민보』의 주필을 맡으면서 자신이 추구하는 방식의 독립운동을 실현하기 위해 많은 논설을 발표하며 책을 펴내기 시작했다.

지금까지 알려진 박용만의 저서는 총 6권으로『국민개병설』,『군인수지』5),『아메리카 혁명 상권』,『됴선말 독본 첫 책』,『됴선말 교과서 둘재 책』6),『제창아조선독립문화일이어提倡我朝鮮獨立文化一二語』7)이다. 출판된 박용만의 저서는〈표 1〉과 같다.8)

---

5)『군인수지』는 육군사관학교 군사사학과 교수 이상훈에 의해 탈초, 영인되어 출판되었다. (박용만 저/이상훈 옮김,『군인슈지: 군인으로서 꼭 알아야 할 것들』, 민속원, 2020.)
6)『됴선말 독본 첫 책』과『됴선말 교과서 둘재 책』에 관해서는 두 편의 논문이 있다.; 윤금선,「박용만의 국어교과서 연구 -『됴선말 독본』'첫 책'과『됴선말 교과서』'둘재 책'을 中⼼으로」,『어문연구』, 43권 3호, 315~343쪽; 송미영,「미주 한인 국어 교과서 '됴선말 독본』첫 책,『됴션말 교과셔』둘재 책'의 표기법 고찰」,『한국언어문학』107, 2018.
7) 이 저서는 3편의 논문을 묶어서 간행한 책으로 박용만이 조직한 대조선독립단에서 석판 인쇄로 발행했다. 3편의 논문은 김노규의「대한북여요선(大韓北輿要選)」, 박용만의 「제창아조선독립문화일이어(提倡朝鮮獨立文化一二語)」, 박은식의「대동고대사론(大東古代史論)」이다.
8) 조정미·한애라,「독립운동가 박용만의 출판 활동 연구_1910년대 미주와 하

<표 1> 1910년대 출판된 박용만 저서

도서명	출간일	발행	인쇄	발행인	중심단체
국민개병설	1911.5.1	신한민보사	신한민보사	최정익 (서문)	'대한인 국민회' 기관지인 언론사를 기반으로 출간
군인수지	1911.7.4	신서관	신한민보사	문양목	
아메리카 혁명 상권	1915.6.15	국민보사	국민보사	한재명 (서문)	
됴선말 독본 첫 책	1927.5.1	대조선독립단 하와이 총부 / 북경 지부	대조선독립단 실업부	대조선 독립단 총단장 김윤배	박용만이 설립한 대조선독립단 중심으로 출간
됴선말 교과서 둘째 책	1927.6.1		북경 Industrial Press에서		
제창아조선독립 문화일이어 외	1927.6.4				

　표에서도 확인되는 바와 같이 『국민개병설』은 1911년 대한인 국민회 기관지인 신한민보사에서 인쇄·발행되었고, 『군인수지』는 신한민보사에서 인쇄한 후, 대한인국민회 북미지방총회장 문양목9)이 운영하는 '대동신서관(大同新書館)'에서 발행했다.

와이, 1920년대 중국 북경을 중심으로」, 『한국출판학연구』 116호, 2024, 105~137쪽.
9) 문양목(文讓穆, 1869~1940)은 충남 서산 출신으로 동학혁명에 가담했다가 1905년에 하와이로 건너왔다. 1906년 샌프란시스코로 건너가 백일규, 장경, 방사겸 등과 1907년 대동보국회를 결성하고 중앙회장에 선임되었고, 기관지 『대동공보』의 사장겸 발행인을 겸직했다. 1908년 박용만이 주최한 애국동지대표자회의에 참석하며 박용만과 평생 동지가 되었고, 박용만의 활동을 모두 지지했다. 1908년 4월 종간된 대동공보사의 활판 제구로 출판사 '대동신서관'을 설립하고 이승만의 『독립정신』(1910)과 박용만의 『군인수지』(1911) 등을 출판했다. 1910년 대동보국회가 대한인국민회와 통합한 후 총무에 당선되었고, 이듬해 북미지방총회 총회장에 당선되었다.

『아메리카 혁명 상권』은 박용만이 대한인국민회 하와이 지방총회 기관지 국민보사의 주필로 있던 1915년 6월에 국민보사에서 인쇄·발행했다. 그러나 박용만이 원고를 탈고하고 직접 쓴 서문에 쓰인 날짜는 1911년 1월 29일이다. 그리고 발행인인 국민보사 주필 한재명이 쓴 서문에서도 박용만은 네브라스카 주립대학 정치학과의 겨울방학 기간에 '두어 주일 시간을 허비'하여 영어로 쓴 논문을 국문으로 번역한 후 신한민보사에서 출판하고자 했으나 출판 경비, 활판과 주자가 부족하여 미루어지다가 수년이 지나 1915년에 출판하게 되었음을 밝히고 있다. 또한 경비 문제로 상권만을 발행하게 되었으나 상황이 호전되면 하권도 마저 발행하겠다고 밝혔다. 그러므로 『아메리카 혁명』 또한 계획대로 출판되었다면 이 3권의 책은 모두 1911년에 발행되었을 것이다.

어쨌든 『국민개병설』은 박용만의 저서 가운데 제일 먼저 출판된 책이다. 그리고 2달 후에 『군인수지』가 출판되었다. 연이어 출판된 두 저서는 당시 박용만의 사상과 활동을 잘 보여주고 있다. 『군인수지』는 군인들을 대상으로 하여 군인으로서 꼭 알아야 할 사항을 익힐 수 있는 군인의 필참교범이고, 『국민개병설』은 일반 동포를 대상으로 모두가 군인의 정신과 자세를 갖추어야 한다는 것과 이를 실행에 옮길 방안을 역설하고 있다. 『국민개병설』의 서지 사항을 정리하면 〈표 2〉와 같다.

<표 2> 『국민개병설』 서지정보 요약

구분	내용	비고
제목	국민개병설(國民皆兵說)	한자
저자	박용만	
분량	93쪽	
인쇄	활판인쇄	한성체 글꼴
언어	순국문	
조판방향	우종서	
제본	사침안정법	전통적 제본방식
인쇄일	1911년 4월 10일	신한민보사
발행일	1911년 5월 1일	신한민보사
크기	150cm × 210cm	국판(A5)
정가	50전	

『국민개병설』의 특징 가운데 하나는 저렴한 책값이었다. 『군인수지』는 1달러 25센트였고, 『국민개병설』은 이보다 훨씬 저렴한 50센트에 불과했다. 『군인수지』는 280쪽 분량의 작은 포켓판(10.8cm x 17.5cm) 크기에 튼튼한 양장 제본으로 제작되었는데 이는 군인들이 지참하고 수시로 읽는 것을 고려한 것이라고 짐작된다. 『국민개병설』은 좀더 다양한 대중들이 사서 읽을 수 있도록 적당한 분량의 이야기 방식으로 쉽게 서술하고, 제작 원가를 절감하여 정가를 낮춘 것이다. 이는 1910년에 출판된 이승만의 『독립정신』이나, 1915년 하와이에서 발행한 박용만의 『아메리카 혁명(상)』의 정가가 모두 1달러 50센트였던 것과 비교해 보아도 박용만은 『국민개병설』이 널리 읽히길 바랐던 것이라고 볼 수 있다.10)

박용만이 직접 쓴 자서自序에 의하면 이 책의 요지인 국민개병에 관한 생각을 한 시기는 1904년으로 당시 일본에 유학하고 있던 중국 학생들의 언론에 의지하여 의견이 생겼으며, 저술을 시작하여 마친 시기는 3년 전인 1908년이었다. 그러다가 몇몇 동지들의 도움으로 출판하게 되었고, 원문은 국한문 혼용으로 썼으나 출판을 앞두고 순국문으로 다시 고쳐서 출판했다고 밝혔다.

1904년에 일본에서 유학하는 중국 학생들과 서신 등을 통해 직접 소통을 했다는 것인지, 그들이 간행하는 잡지 등의 언론을 읽게 되면서 이런 구상을 하게 되었다는 것인지는 확실하지 않다. 1904년 당시 일본에서 유학하고 있던 중국 유학생들은 대부분 광둥·저장·장수·후난성 등 아편전쟁 이후 중국에 진출한 열강들이 설치한 조계로 치욕을 겪던 지역 출신의 한족들이었고, '흥중회'나 '화흥회'와 같은 비밀결사 단체에 가담해 있었다. 1년 후인 1905년에 쑨원孫文을 중심으로 한 화흥회와 황싱黃興을 중심으로 한 흥중회 등이 합병하여 '중국동맹회'를 결성하게 되었고 이들은 이후 신해혁명의 주축이 되었다. 당시 중국 유학생들은 중국혁명에 참여하기 위해 의용대를 조직했고, 여학생들은 간호사를 희망하기도 하는 등 반청·반외세 운동과 공화 혁명의

---

10) 1908년 당시 미주 본토의 노동자 일급이 60센트였으므로 당시 한인들에게 책을 사서 보는 일은 어느 정도 작정을 해야만 할 수 있는 일이었을 것이다.

기세를 올리고 있었다.

위에서 서술한 바와 같이 1904년 국내는 일본 정부의 황무지 개간권 요구로 인해 국가의 영토주권이 흔들리고 있었고, 박용만은 이에 대응하여 조직된 보안회 활동에 앞장서서 활동하다가 투옥되는 등 쇠락해 가는 조국의 운명을 실감하며 고군분투하고 있었다. 이러한 시기에 중국의 혁명을 위해 내전을 각오하고 의용군을 조직하던 유학생들의 활동에 박용만은 큰 관심을 두었던 듯하다. 그리고 막상 글을 쓴 1908년은 박용만이 애국동지대표자회의를 계획하고 개최한 후 한인소년병학교 설립안을 통과시키고, 소년병학교의 설립을 준비하며 네브라스카 주립대학에 입학하는 등 동분서주하던 때였다.

3. 『국민개병설』 구성과 내용의 대상

국민개병설 내용은 크게 서문과 본문, 그리고 부록인 「영미양국의 아동군英美兩國之兒童軍」으로 구성되어 있고 마지막에는 광고도 있다. 분량은 박용만과 최정익의 서문 각 1편, 본문 57쪽, 부록 22쪽, 광고는 두 편으로 신한민보사에서 발행한 『국민독본』과 『선생 없이 영어 배우는 책』을 소개하고 있다.

이 책은 박용만의 다른 저서와 달리 목차가 없고, 본문과 부록은 모두 장·절 구분이 명확하지 않게 서술되어 있다. 표지의 특징은 제목과 저자명 발행처가 모두 한자로 쓰여 있는데, 박용만의 필체이다. 저자명에 '靑年人 朴容萬'이라고 쓰여있는 것도 흥미로운 점이다.11) 그리고 속표지에는 오른쪽부터 차례대로 한글 활자로 '박용만 뎌술', '국민개병셜 젼〔으동군, 부록〕', '북미 샹항 신한민보샤 발행'이라고 인쇄하였다.

내지에는 '미국 네브라스카 한인 소년병학교 생도'와 '소년병학교 감독 박용만'이라는 제목의 사진 두 장이 삽입되어 있다. 소년병학교 생도 사진은 헤이스팅스 교내 건물 앞에서 제식훈련을 받고 있는 생도들의 사진으로 정확한 촬영 시기는 알 수 없다. '소년병학교 감독 박용만' 사진에서 박용만은 소년병학교 군복을 입고 긴 칼을 착용하고 있다.

박용만 사진 원편에는 자작시 한편을 실었는데, 이 한시는 1911년 5월 3일 자 『신한민보』에도 발표했다. 이 책에는 시제가 생략되어 있으나, 신문에는 '決志修兵學'이라는 제목이 달려 있다,

---

11) 박용만이 자신의 글에 붙인 저자명에 '청년인'을 붙인 사례는 1909년 2월 25일에 발행된 『대한협회회보』 제11호에 실린 한시 「待家書(現在美國)」와 「逢友人旋別(在美國)」에 쓴 것이 지금까지 확인할 수 있는 가장 이른 시기의 사례이다.

決志修兵學

壯志平生好讀兵 크게 뜻을 품고 평생 병서 읽기를 좋아하고
蒼磨一劍掛秋聲 칼 한 자루 푸르게 갈아 가을 소리에 걸어두네
亘千萬古丈夫業 천만년 예로부터 장부의 일은
文武雙全然後成 문무를 두루 갖춘 후에야 이루어지는 것이라

박용만은 직접 쓴 자서自序에서 애초에 쓴 원고는 국한문으로 써서 글의 의미와 문장이 볼만했는데, 이를 온전히 국문으로 번역하여 놓고 보니 그 정신과 광채가 어느 정도 감하여졌음을 아쉬워했다. 그러나 한편으로는 우리글로 쓰는 것이 장래의 큰 이익이므로 기쁘다고 하였다.

또 한편의 서문을 쓴 최정익은 이 책을 발행한 신한민보사의 사장이다. 최정익은 "우리의 동지 박용만 군은 일찍이 정치학을 전문할 뿐 아니라 병학에도 뜻을 세운 바 있어 이에 국민으로 하여금 다 군사 만들자는 주의를 가지고 이 책을 저술하였으니..." 라고 하며 박용만에 대한 소개와 이 책의 목적에 관해 밝혔다.

본문은 총 58쪽으로 장·절로 구분하지 않고 이야기처럼 서술하였으며 주제에 따라 각각 번호를 매겼다. 그러나 내용상 구분을 해보면 3장으로 나눌 수 있다. 이를 다시 정리해 보면 아래와 같다.

1장. 군인의 정신

첫째, 애국심

둘째, 공덕심

셋째, 명예심

넷째, 자격과 참는 힘

2장. 국민이 다 군사 되는 주의의 그 시행할 방책

첫째, 가정

   1, 장난하고 행동하는데 편리한 수수한 의복

   2, 군인놀이, 장난감으로 병기를 가까이

   3, 평소 행동에 군인의 기운을

둘째, 학교

   1, 체조와 총조

   2, 운동과 장난

   3, 군율

   4, 군사상 지식

   5, 군사적 재조

셋째, 사회

   1, 사회의 조직을 정함

   2, 사회의 풍기를 떨침

   3, 사회의 이목을 일신

3장. 국민이 다 군사 되는 주의와 오늘 정형에 대하여 언론

첫째, 단체의 군사교육

둘째, 개인의 군사교육

1장에서 박용만은 군인의 정신에 관해 서술했는데, 사회의 모든 조직을 군사적 법률로 배포하고, 정치상 모든 기관을 군사적 정신으로 설립하고, 사회의 정신과 풍속, 습관도 군인의 정신을 갖추어야 나라가 성립할 수 있다고 했다. 그리고 군인 교육에서 중요한 두 가지는 형용 있는 것과 형용 없는 것이라고 했는데, 형용 있는 교육은 각종 병기 교육을 말하고, 형용 없는 교육은 바로 군인 정신의 교육이라고 보았다. 여기서 군인이 반드시 가져야 하는 정신으로 애국심, 공덕심, 명예심, 그리고 자격과 인내심을 들었다.

애국심의 근본은 몸을 사랑하고 집을 사랑하는 마음에서 시작되고 그 나라의 역사가 그 나라의 혼이 된다고 했다. 그러므로 나라의 혼이 없으면 군인이 없고, 군인이 없으면 나라의 혼도 없으니 군인과 국민은 바늘과 실과 같이 떨어질 수 없다고 했다. 공덕심은 군인이 가져야 하는 아름다운 덕으로 자신의 일신을 잃더라도 그 전체를 보전하고자 하는 의義라고 했다. 명예심에서는 가족과 나라를 지키기 위해 죽음을 각오하는 군인의 정신을 명예심이라고 하며 예로부터 문文을 숭상하고, 무武를 업신여기는 인식과 풍조를 비판했다. 마지막으로 군인이 갖춰야 할 자격으로 인내심을 들었다. 그리고 이러한 참는 힘은 반드시 공부하고 단련하여야만 가질 수 있다고 했다.

2장에서는 국민이 모두 군인이 되기 위해 시행할 방책을 설명했는데, 가정교육, 학교 교육, 사회 교육을 통해 시행할 수 있다고 했다. 첫째 가정교육은 개인 교육의 근본으로 아이들의 신체를 강건하게 하고, 담력을 기를 수 있게 해야 하는데, 그러기 위해서 먼저 활동하기 좋은 실용적인 의복을 입히고, 어려서부터 장남감 병기를 주어 병기에 익숙해지도록 하여야 하며, 평소의 걸음걸이도 절도를 갖추도록 가르쳐야 한다고 했다.

두 번째로 학교 교육은 나라의 풍속을 개량하는 근원이고, 국민 직업의 예비하는 곳이므로 체계적인 국민개병 교육은 학교에서부터 시작된다고 했다. 그래서 한 나라의 학교 교육을 보면 그 나라의 앞날을 짐작할 수 있다고 했다. 국민개병을 위해 학교에서는 반드시 소·중·대학의 수준에 맞게 실시해야 하는데, 소학교는 소대, 중학교는 중대, 대학교는 중대와 대대 그리고 대대 이상의 역할을 할 수 있는 교육을 시행하라고 했다. 교육 내용은 체조와 총조, 운동과 장난, 군율, 군사상 지식, 군사적 재조才藻[12]를 익히게 해야 하는데, 중대 조련에 해당하는 중학교에서의 교육이 가장 중요하다고 했다. 이렇게 학교 제도를 시행하게 되면 얻게 되는 실질적인 이익에 관해서도 설명했는데, 첫째는 징병의 기한을 줄일 수 있고, 둘째는 징병의 기한을 줄임으로 군비를 줄일 수 있고, 셋째는 전국에 군사 지식이 널리 퍼질 것이고, 넷째는 군인의 학식과 기예가 모두 높아져 문무文武의 오래된 술법을 아울러 쓸 것이요, 다섯째는 결국 나라가 위엄과 명예를 얻게 될 것이라고 보았다.

세번째로는 국민개병을 위해 사회에서 시행할 세 가지 방책을 제시했는데, 사회의 조직을 정하고, 사회의 풍기를 떨치고, 사회의 이목을 이롭게 해야 한다고 했다. 먼저 사회의 조직을 정한다 함은 군대의 조직으로 사회를 조직하자는 것인데, 이는 학교 교육보다 더 많은 시간 동안 사회에서 교육을 받기 때문이다. 여기서 군대 조직이라는 것은 직분을 다하고 기율을 지키고 무협을 숭상하는 정신을 기르고, 충실하고 질박함을 가르치고, 약속을 중히 여기고, 의義를 사랑하고, 의협심을 따르는 것이다. 이러한 정신으로 사회의 각 기관을 운영하면 새 나라의 새 백성이 나올 것이라고 했다. 그다음에 사회의 풍기를 떨치게 한다는 것은 진실로 강하고 굳센 국민이 되기 위해 부지런하고 괴로운 대로 쫓아 근기根氣를 양하여야 하고 한결같이 무기武技를 숭상하

---

12) 재조(才藻) : 재주와 슬기, 그리고 글을 짓는 능력을 말함.

여야 한다고 했다. 특히 무를 숭상하기 위해서는 각자의 처지에 맞게 말타기와 격검 등의 체육의 발달을 장려하고, 유명한 장사나 공功이 있는 군인의 동상을 세우고, 그림을 그려 사람들로 하여금 감동하여 깨닫게 해야 한다고 주장했다. 마지막으로 사회의 이목을 이롭게 하기 위하여는 다섯 가지를 활용하면 되는데, 국민전체의 정신을 유통하는 신문을 이용하고, 광대놀음, 즉 연극 등을 이용하고, 각종 그림과 활동사진을 이용하고, 망하거나 흥한 역사의 기록을 읽게 하고, 노래와 음악을 활용하면 국민개병을 위한 사회의 이목을 이롭게 할 수 있다는 것이다.

3장은 국민이 다 군사 되는 주의와 오늘날 정형에 맞는 견해를 밝혔는데, 국민개병을 위해 실행할 방법이다. 먼저 국권을 잃어버려 소학교 하나를 뜻대로 세우지 못하고, 사냥총 하나도 살 수 없는 국내 상황의 한계를 애통해했다. 그래서 해외, 특히 미주와 하와이에 있는 동포들이 실천할 수 있고, 실행해야 할 일을 제시했는데 바로 단체의 군사교육과 개인의 군사교육이다. 그런데, 박용만은 단체의 군사교육을 위해 선행되어야 할 조건으로 각 거류지에서 한인의 자치제도를 실행하여야 한다고 했다. 스스로 법령을 만들고 이에 복종토록 해야만 위엄과 법령으로 성립되는 군대가 유지될 수 있다고 본 것이다. 그리고 개인의 군사교육은 단체의 군사교육마저 어려울 경우에 실행해야 하는데, 매일 틈날 때마다 병서를 읽으며 병학을 익혀 허세나 부리는 무사보다는 학문과 지용을 갖춘 오늘날의 군인이 되어야 한다는 것이다. 그리하여 자신의 가치를 알고, 앞날을 예비하여 자기의 부모국을 위하여 몸을 바칠 각오를 해야 한다는 것이다.

부록인 「영미양국의 아동군英美兩國之兒童軍」은 총 22쪽 분량의 글로 아동군은 지금의 '스카우트(Scout)'를 의미한다. 박용만이 이 글을 쓴 시기는 출판을 앞둔 시기인 1910년으로 추정된다. 보이스카우트는 1908년 1월 영국에서 먼저 시작되었고, 미국은 1910년 2월에 설립되었다. 그러므로 박용만이 출판을 하기 전에 영국과 미국에서 시작된 보이스카우트의 출범을 보고 자신이 설립한 한인소년병학교나 『국민개병설』의 취지와 부합하기 때문에 이를 소개하고자 한 것이다.

박용만은 먼저 영국과 미국의 아동군이 정부의 명령으로 성립된 조직이 아니라 사회에서 주선하여 유지되고 있음을 알리고, 자신의 주의와 다름이 별로 없고, 여러 면에서 상고할 바가 많아 그 긴요한 강령을 이 책의 부록으로 싣게 되었다고 밝혔다. 이 글은 8장으로 나뉘어 있는데, 아동군의 취지, 아동군의 조직, 아동군의 감독의 권한, 아동군의 계명, 아동군의 법률, 아동군의 교육과 교과, 아동군에 입단과 승급시험, 아동군의 맹서이다.

1장 아동군의 취지에서는 영국의 아동군을 설립한 영국 육군대장 로버트 베이든 포우웰Robert Baden-Powell의 설립 취지와 미국의 아동군을 설립한 어네스트 탐슨 셋튼Ernest Thompson Seton의 설립 취지를 소개했다. 2장 아동군의 조직에서는 총장·지방총장·감독·부관·목사·분대장·오장(五長)·사졸 등의 지위와 역할, 임무에 관해 소개했다. 3장 아동군 감독의 권한에서는 소집과 해산, 상벌과 인사의 결정 권한이 있는데, 모든 결정과 판결에 공변되고 공정해야 한다고 했다. 4장 아동군의 계명에서는 '예비하라'라는 계명의 의미를 소개했다. 5장 아동군의 법률은 아동군이 늘 지켜야 하는 마음가짐과 실천해야 할 10가지 항목을 소개했다. 6장 아동군의 교육과 교과는 조직·법률 등의 일반관계, 야외연습, 관찰과 기억 수업, 들과 산을 다니는 술업 등 8개 항목이다. 7장은 아동군 입단 시험과 승급 시험에 관한 내용이다. 8장은 아동군의 맹서로 아동군에 입단하면 누구나 손을 들고,

"나는 나의 명예와 영광으로 내가 장차 나의 할 수 있는 대로 모든 일을 하기로 맹서하고 또한 언약하노니,
첫째는 나의 하나님과 나의 나라에 대하야 나의 직분을 다할 일
둘째는 나의 육신 외의 모든 사람을 항상 도울 일
셋째는 아동군의 법률과 명령을 복종하겠노라."라고 엄숙히 말해야 한다고 소개했는데, 현재 우리나라의 〈스카우트 선서〉13)도

---

13) 나는 나의 명예를 걸고 다음의 조목을 굳게 지키겠습니다.
첫째, 하느님과 나라를 위하여 나의 의무를 다하겠습니다.

거의 유사한 내용이다. 이 스카우트 선서는 1908년 베이든 포우웰이 스카우트를 창설하면서 만든 것으로 모든 스카우트 단원들이 이 맹세를 통해 입단하는 절차를 거쳐왔다.

4. 『국민개병설』의 의의

1911년에 발행된 『국민개병설』은 같은 해에 발행된 『군인수지』와 함께 1909년 박용만이 설립한 헤이스팅스 한인소년병학교와 1914년 창설된 하와이 대조선국민군단 및 국민군단 사관학교 교육에 활용되었다. 그리고 미주와 하와이에서뿐만 아니라 간도와 연해주에 있는 한인 교육에도 활용되었는데, 1912년 우수리스크Ussuriysk와 1916년 북간도 회령현 명동촌 명동학교 등에서는 대한인국민회로 서신을 보내 『국민개병설』과 『군인수지』를 보내 달라고 청했다. 이렇게 보내진 책들은 신흥강습소, 신흥무관학교, 명동학교 등에서 교재로 쓰이며 한인 독립군 양성과 독립의식을 고취시켰다.

또한 『국민개병설』은 미국 대학에 기증되기도 했다. 1931년 뉴욕에 거주하는 한국 유학생들은 한국의 문화와 역사를 알리기 위해 컬럼비아대학 도서관에 한국의 장서를 모아 기증하였다.

둘째, 항상 다른 사람을 도와주겠습니다.
셋째, 스카우트의 규율을 잘 지키겠습니다.

이를 계기로 컬럼비아대학 도서관에는 한국 서적부가 설립되었는데, 당시 대한인국민회에서도 『국민개병설』을 포함하여 『국민독본』, 『한국경제사』 등 56권의 서적을 기부하였다.

그리고 발행 34년 후인 1945년 4월부터 8월까지 조선혁명당 미주지부 기관지 『독립』에 본문 전체가 10회에 걸쳐 연재되기도 했다. 이는 당시 재미한족연합위원회에 참여하고 있던 조선혁명당 미주지부가 독자적인 외교를 위해 워싱턴사무소를 설치하려고 하는 재미한족연합위원회에서 탈퇴하느냐 참여하느냐를 두고 내분이 일어났을 때, 김원봉이 탈퇴파를 지지하고 새 집행부를 인가해 주자 참여파의 곽림대郭林大를 중심으로 이에 반발하여 의열단원에 의해 피살된 박용만의 저서인 『국민개병설』을 연재한 것이다. 박용만을 상기시켜 김원봉을 비난하고자 한 의도였다.

이렇게 『국민개병설』은 1911년 발행된 이래 『군인수지』와 더불어 광복을 맞이할 때까지 미주와 하와이, 간도와 연해주 지역의 해외 한인들에게 애국과 구국의 정신을 함양시켜 왔고, 때로는 박용만을 상기시키는 대표적인 저서로 활용되기도 했다.

그러나 『국민개병설』은 그동안 원본을 찾지 못해 『독립』에 실린 『국민개병설』이나 이를 영인한 방선주의 저서[14]를 통해 본

---

14) 방선주, 『재미한인의 독립운동』, 한림대학교 아시아문화연구소, 1989, 176~187쪽.

문 내용만을 확인할 수 있었다. 이러한 사정으로 인해 박용만의 사상과 활동을 제대로 파악하는데 한계가 있었다. 앞에서 밝힌 바와 같이 『국민개병설』이 발행되어 대중에 소개된 시기는 1911년이지만, 구상을 한 시기는 1904년이고, 글을 완성한 시기는 1908년이라는 내용은 그동안 알려지지 않은 자서에 기록된 내용이다. 그리고 지금의 보이스카우트를 말하는 아동군에 관한 내용 또한 이번에 처음 확인하게 된 내용이다.

무엇보다도 『국민개병설』은 박용만의 독립운동에 대한 계획과 설계가 미주로 망명하기 이전인 국내에서 이미 어느 정도 완성되었다는 점을 확인할 수 있는 사료이다. 그리고 박용만뿐만 아니라, 미주 한인, 더 나아가 초기 해외 한인 독립운동사를 연구하는데 있어 매우 중요한 사료라고 할 수 있다.

현대문본

『국민개병설』

국민개병설 자서

국민으로 하여금 다 군사를 만들자는 주의는 원래 일곱 해 전에 일본에 유학하는 청국 학생의 언론을 의지하여 의견이 생긴 것이라. 그러하나 그동안 겨를을 얻지 못하여 글자를 만들지 못하였다가 3년 전에 비로소 글을 만든 후에 또 기회를 얻지 못하여 이것을 누구에게 말도 하지 못하고 또한 어디서 출판할지도 의논하지 못하였는데 이제 몇몇 친구의 권함으로 인하여 이것을 휴지 속에서 찾아내어 활판에 부치니 이것이 혹 도움이 될 곳이 있을는지 모르거니와 과연 방해될 것은 없는 줄은 믿노라.

그러하나 이글을 원래 국문과 한문으로써 써보니 그 문의文意와 문장이 족히 볼 만 하더니 이제 온전히 국문으로 번역하여 놓으니 어느 정도는 그 정신을 잃고 광채를 감하였을 뿐더러 또한 읽고 보기에 말이 순하지 못하게 되었으니 이는 이것을 한문 국문에서 번역한 까닭이라.

나는 이에 대하여 어느 정도 유감이 있거니와 일변 생각건대 무슨 글이든지 우리 조선말과 조선글로 쓰는 것은 또한 당시와 장래의 큰 이익이라. 고로 나는 한문이 세력을 잃어버리고 조선말이 그 자리를 차지한 것을 기뻐하노라

건국기원 4244년 4월 초팔일 박용만

서

쇠뿔이 있고 호랑이 발톱 있음은 모두 그 몸을 보호하는데 적용하며 남을 방어하는 데 적용하는 기계가 되거든 하물며 사람이며 하물며 국가인가 인류가 인류 된 이상과 국가가 국가 된 이상에는 군사가 없지 못할지니 군사 없는 나라는 완전한 국가라 할 수 없으며 군사 될 의무가 없는 백성은 완전한 국민이라 할 수 없도다.

오호라 우리의 동지 박용만 군은 일찍이 정치학을 전문할 뿐 아니라 병학에도 뜻을 세운 바 있어 이에 국민으로 하여금 다 군사 만들자는 주의를 가지고 이 책을 저술하였으니, 이 책이 비록 간단하나 한번 읽는 자 응당 뜻을 같이 할지며 이로부터 우리 민족의 무육정신이 한번 크게 일어날 줄을 기약하노라.

건국기원 4244년 4월 10일
샌프란시스코에서 최정익이 서함

국민개병설 〈國民皆兵說〉

박용만 저술

군사를 양養할 일은 국민의 빚진 것이요, 나라를 방비하는 것은 국민의 의무이니 오늘날 전쟁은 국민 전체의 전쟁이요, 한 조정이나 한 임금의 전쟁이 아니라. 그런고로 그 이김엔 국민이 그 이利를 누리고 그 패함엔 국민이 그 화禍를 받고 결단코 국민 이외에 다른 물건이 있어 그 사생死生과 화복禍福을 대신하여 맞지 않는 바라. 그런즉, 오늘 천하에 국민이 되어 그 이利와 그 화禍를 자기가 친히 받으며 가로되 이 일이 나의 책임이 아니라 하면 그 말이 가可하뇨? 부否하뇨?

누가 전쟁이나 살상을 좋아하며 누가 평화를 싫어하리요마는 저 사람마다 나라마다 차라리 재물을 없애가며 힘을 다하여가며 나날이 군비 확장하기로 일을 삼는 것은 무슨 연고뇨?

아하 나 알았노니, 대저大抵[1] 다투는 것은 불평으로 쫓아 생기는 것이요, 불평함은 강약으로 말미암아 일어나는 것이라. 약한 자가 있은 즉 강한 자가 침노하기를 생각하고 그 침노하는 날에

---

1) 대저(大抵) : 대체로 보아서.

는 곧 힘으로서 하나니, 만일 온 천하로 하여금 다 힘이 강하여 다투는 것도 서로 없고 침노함도 서로 없으면 가히 가로되 화평하다 하려니와, 이는 원래 하늘과 땅이 열리고 사람과 동물이 생긴 후에 소위 생존경쟁이라는 것을 말미암아 가히 피하지 못할 일이라.

이런고로 싸움을 두려워하는 자는 마침내 전쟁의 화를 받고 죽는 것을 두려워하는 자는 다른 사람이 죽음으로 협박하나니, 대저 싸움의 결과는 죽는 것뿐이라. 그런즉 나, 감히 묻노니 싸우지 않으면 가히 죽지 않겠나뇨? 이제 두 사람이 여기 있어 함께 밥을 먹을 때, 먹을 사람은 둘이요 먹을 물건은 하나라. 만일 이것을 가지면 살고 가지지 못하면 죽을 경우를 당하여 그 중 한 사람이 그 다른 사람더러 말하기를 '네가 만일 나의 밥을 다투면, 나는 너를 장차 살려두지 않으리라' 하면 그 사람이 가히 죽는 것을 두려워하여 다투지 않고 말겠나뇨? 만일 다투지 않으면 또한 죽을 뿐이라.

오호라, 땅은 더 넓힐 수 없고 사람은 날로 번성하니 만일 내가 사람을 침노치 않으면 사람이 곧 나를 침노할지라. 이런고로 형세가 넉넉한 자는 이기고 형세가 부족한 자는 패하여 오직 강한 자 생존하나니, 대저 다른 사람의 강한 것을 한갓 두려워하고 자기의 강함을 바라지 않으면 그것이 미련하뇨? 지

헤스러우뇨?

나 들으니 천하를 다 살리는 자는 그 숭상하는 것이 있다하니 오늘 천하의 소위 국시國是2)라 하는 것이라. 이제로부터 지나간 백년 동안을 거슬러보면, 당시에 농업으로 나라를 세운 자, 오늘날 다 변하여 상업으로 종사하니 그런즉 오늘 상업 경쟁하는 시대에 서서 다른 사람들은 앞으로 가고, 나는 뒤에 떨어지면 아침 해가 다 뜨지 못하여 나는 벌써 사람에게 먹힌 바가 될지라. 대저 농업은 원래 보전하여 지키는 것뿐이요, 상업은 나아가며 취하는 것인 고로 이것을 하자면 오직 위엄과 세력을 숭상하나니 위엄과 세력은 나라를 흥하게 하는데 첫째 걸음이요, 나라를 보호하는데 마지막 술법이니 이것을 바꾸어 말하면 다만 해군육군의 세력이 장장할 뿐이라. 이런고로 오늘날 국가는 국민으로 하여금 다 군사 되는 주의를 행치 않으면 반드시 세계상에 나서 생존경쟁을 도모하기 능치 못하고, 또한 이에서 더 심하면 다만 자기 나라로 하여금 지도 위에 한 명사3)밖에 남기지 못할진저.

국민이 다 군사 되는 교육은 옛적에 그리스 스파르타에서 행하였으나 시방은 세계열강이 다 스파르타국이라. 대저 우리가

---

2) 국시(國是) : 나라의 근본이 되는 주의와 방침.
3) 지명(地名), 국명(國名)만 남은 상태가 된다는 것으로 추정된다.

이 경쟁하는 세계에 서서 우리가 사람을 침노치 않으면 사람이 장차 우리를 침노할지라. 대저 형제간에 서로 다투면 그 부모가 능히 심판하여 주고 백성이 서로 다투면 그 국법이 능히 심판하여 주되, 만일 나라와 나라가 서로 다투면 세계 중에 원래 누가 가장 높은 권리 잡아 이것을 재판하여 줄 사람이 없은즉 이때를 당하여는 오직 강한 권세뿐이라.

그러하나 이는 다만 형식상으로 말한 것이요, 만일 정신적으로 말하자면 무릇 사회상 일체 조직을 마땅히 군사적 법률로 배포하고 정치상 모든 기관을 마땅히 군사적 정신으로 설립하며 사회의 정신과 풍속과 습관을 마땅히 군인의 정신으로 부어주어 밖으로 군인의 형체는 나라가 의지하여 평안하고 안으로 군인의 정신은 국민이 의지하여 활동할지니 이는 나라의 성립하는 바요, 백성의 생존하는 바라. 가령 천히에 강한 원수도 없고 내린도 없으면 소위 군인같은 것은 소용이 없거니와 천하에 태평한 봄은 돌아가기 쉽고 사방의 한가지 일도 없음은 기약하기 어려운지라. 만일 군인의 정신이 나라에 없으면 나라가 어찌 성립하리요. 군인이여, 군인이여 하나요 둘이 아니로다.

1장. 군인의 정신

그런즉 이제 군인의 교육을 대강 말하건대 옛적에 나폴레옹이 가로되 싸움을 하는 데는 형용 있고 형용 없는 두 가지 긴요한 것이 있다 하니 과연 그렇도다. 영웅의 말이여 대저 형용 있는 것은 각종 병기를 가르침이라. 그러나 성첩城堞이 높지 않은바 아니요, 해자垓子가 깊지 않은 바 아니요, 총과 칼이 정하고 리하지 않은 바 아니로되 이것을 다 쓰지 못 할 경우에는 곧 형용 없는 것을 요구하나니 형용없고 긴요한 것은 무엇이뇨? 곧 군인의 정신이라, 이에 군인의 정신을 들어 말하노라.

첫째, 애국심

그 첫째는 애국심. 곧 몸을 사랑하고 집을 사랑하는 마음을 큰 글자로 쓴 것이라. 그런고로 몸을 사랑하고 집을 사랑함은 곧 나라 사랑하는 마음의 첫째 근원이요, 문명과 야만의 구별과 예舊와 이제의 다른 것은 물론하고 한 천연적 사상이라. 그러하나 애국심의 많고 적은 것은 오직 그 국민의 장중掌中에 빈빈혁

혁彬彬赫赫한 역사의 있고 없는데 있으니 이는 그 나라 백성이 되어 저렇듯 한 역사가 마음과 눈 가운데 있으면 이것을 감히 몽매夢寐4) 중에도 잊어버리지 못하는 연고라.

오호라, 꽃은 앵두요 사람은 무사라. 일본의 한 땅덩이가 오늘까지 3천 년이라 하니 이는 일본의 혼이 아니뇨? "너의 조상을 생각하며 너의 부모국을 사랑하라. 너의 사랑하는 어머니가 이 땅에 있어 너를 기르고 너의 엄한 아버지가 이 땅에 있어 너를 가르친다." 하니 이는 독일의 애국가가 아니뇨?

이는 그만두고 다시 이탈리아의 나라를 다시 세움과 그리스의 독립을 회복한 것을 보면 다 그 국민의 골과 창자 가운데 취하여도 감히 잊지 못하고 자면서도 감히 잊지 못하는 역사상 영광의 영향이요, 또 오늘날 중국과 인도의 날마다 천리씩 나가는 애국심도 그 쫓아오는 곳이 반드시 있을진저. 청컨대 묻노니, 우리 조선 4천여 년 단군 기자의 끼친 백성들은…….

나 들으니 국가라 하는 것은 생기 있는 조직체이라. 골격이 이미 성립하고 혈육이 이미 갖추었으매 만일 여기 혼이 없으면 무엇을 취하리오. 대개 나라의 혼이라 하는 것은 국민이 애국정신의 더운 피로 잉태하여 이같이 한 묘한 물건을 탄생함이니 그 힘과 그 공은 능히 국민 상하의 온 사회를 들어 한 도가니 한

---

4) 몽매(夢寐) : 잠을 자며 꾸는 꿈.

모루쇠 위에 부어 두드려내어 크고 적은 것을 물론하고 다 죽고 살기를 잊어버리는 한 열사를 만드는 것이라.

그런고로 나라의 혼이 없으면 군인이 어디 있으며 군인이 없으면 나라의 혼이 어디 있으리오. 그런즉, 혹 어떤 사람이 가로되, 군인은 마땅히 이 혼을 가질 것이로되 국민은 가히 이것이 없어도 큰 관계가 없다 하면 그 말이 가히 되겠나뇨? 안되겠나뇨? 대저 나라는 누가 지키나뇨? 지키는 자는 곧 군인이요 나라는 누가 가졌나뇨? 가진 자는 곧 국민이라. 이러므로 군인과 국민은 바늘과 실과 같아 가히 서로 떠나지 못하리로다.

둘째, 공덕심

그 둘째는 공덕심…… 군대라 하는 것은 공번된 마음과 조직체라 죽으면 함께 죽고, 살면 함께 살며 또 군인의 아름다운 덕은 다만 자기 일신을 버려 전체를 위함으로 가장 아름답게 여기는 고로 "너희 무리가 죽기로써 동포를 보호하겠나뇨?" 하는 문제는 곧 군인의 종교요 잠언이라. 시험하여 묻건대, 그대는 몸소 군인이 되어 적병을 대하여 서로 싸울 때에 탄환이 귀를 엄습하고 연기가 눈을 가리어 한번 죽고 한번 살기를 깜짝할 동안에 내기하는 경우에 당하면 그대는 감히 홀로 살기를 도모하여 몰래 달아나기를 꾀하겠나뇨?

만일 그렇지 않으면 이같이 맹렬히 싸우다가 혹 우리 형세가 꿀려 전군이 뒤로 물러갈 때에 혹, 일소대나 일중대의 군사가 홀로 사지에 빠져 나가지도 못하고 들어가지도 못하는 것을 보면 그대는 이것을 구원치 않고 감히 홀로 달아나겠나뇨? 이는 감히 못 할 뿐만 아니라, 또한 차마 못 할 일이니 그러한 즉 군인이라 하는 것은 죽어도 공덕으로 죽고 살아도 공덕으로 살아 크게 미루어보면 전국이 그 덕을 힘입고 적게 미루어 보면 개인이 그 덕을 의지하는 바라. 그런고로 공덕이라 하는 것은 그 정한 뜻으로 말하면 곧 일개인이 큰 단체에 대하여 차라리 자기 일신을 잃을지언정 그 전체를 보전하여 평안케 하는 큰 의義라 할진저.

셋째, 명예심

 그 셋째는 명예심…… 옛적에 어떤 장수 말하되, "나의 부모국을 방어하기로 책임을 삼고, 하루아침에 기운차고 담대한 군사들로 군기 아래 서서 한번 죽어, 나라 은혜를 갚기로 함께 맹세하면 비록 하늘과 땅이 무너지고 산과 바다가 뒤높더라도 한 걸음을 물러가지 않고 다만 나의 서 있는 곳으로 하여금 나의 죽을 곳과 나의 무덤으로 아는 것이 곧 군인의 명예라"하고, 또한 사람이 가로되, "명예라 하는 것은 큰 사업을 이루는 기관이요, 또 군인 생활의 정신이라 이로써 하여 무서운 것도 없고, 원망하는 것도 없고, 거짓도 없고, 교만함도 없고 오직 직분과 한번 죽을 정신이라"하니, 오호라 나라를 보호하는 큰 소임을 맡고, 방패와 성5) 같다는 큰 명예를 얻으면 옛사람의 이른바 죽는 것이 영광이요, 사는 것이 욕(辱)이라. 누가 과연 이 영광을 저버리고 백골을 전장에 드러내고 더운 피를 변방에 뿌리고자 아니하리오.

그런고로 명예심이라 하는 것은 형용 없는 군률이라. 가히 악한 것도 경계하며 가히 착한 것도 장려하나니 군인이요 명예심이 많으면 곧 나라의 위엄을 더함이라. 원컨대 우리 국민도 군인의 명예심이 풍부하기를 바라거니와 오직 명예심의 방한과 범위를 알아 이것을 자기 동관(同官)6)이나 본국 사람에게 대하여 쓰지 말고 외국과 적병에게 대하여 크게 쓸진저.

또, 명예라 하는 것은 사회의 형벌이요, 상급이라. 정부의 형벌과 상급은 혹 일 개인의 사사(私事) 의견으로 나오는 고로 그 불공한 경우에는 가히 책망도 하고 가히 죄도 주려니와 사회의 형벌과 상급은 일반 국민의 공변된 뜻으로 나오는 것인 고로 만일

---

5) 방패와 성은 『시경』에 나오는 '간성(干城)'으로 나라를 지키는 믿음직한 인물이나 군인을 뜻한다.
6) 동관(同官)은 같은 관청에 다니는 같은 등급의 관리를 말하나 여기서는 동료나 친구 등을 의미한다.

지극히 미련한 사람이나 아주 무도한 자 아니면 이 명예와 상급을 자기의 몸과 이름으로 함께 버리지 않은 바라.

청컨대 일본의 풍기風氣를 보라. 일인은 군인을 높이고 공경하기를 보호주와 같이하며 또, 군인이 물건을 사는 때에는 그 값을 싸게 하여주고, 군중에 들어갈 때는 그 음식을 정하게 하며 그 전장에 나갈 때에는 싸우다가 죽기를 빌고, 그 죽은 후에는 그 형상을 돌에 새기고 구리로 부어두며 또 이뿐만 아니라 그 죽은 자의 옷을 박물원에 두고 그 죽은 자의 가속家屬을 전공으로 공급하며 혹, 한 사람이 전장에 나갔다가 스스로 도망하거나 또 혹 군사상 일을 그르게 만드는 자가 있으면 그 아비가 자식으로 알지 않고 그 친구들이 부끄러워하여 그 사람으로 하여금 천지간에 용납할 곳이 없게 하니, 아하 그 나라의 풍속이 이러하고야 비록 강하고자 아니한들 어찌 강하지 않으리오.

이제는 일본을 그만두고 우리나라와 중국의 이전 풍속을 보면 군인은 사냥개로 곧 비유하고 무예는 천한 업으로 다 알아 비록 하루아침에 장단에 올라 수륙군 도원수가 되어도 공경 대신에게 "소인" 소리를 면치 못할 뿐 아니라, 만일 한 사람이 병정이 되어 군문軍門에 들어가면 그 아비가 노하고 그 아내가 원망하며 친척들이 은휘隱諱7)하고 친구들이 끊어, 그 군중에 나갈 때에는

---

7) 은휘(隱諱) : 꺼리어 감추고 숨김.

비록 외방에 출주(出駐)[8]만 하여도 곡성이 천지를 움직이어 비참한 모양을 드러내고 그 집에 돌아올 때에는 비록 그 군대는 여지없이 패하였을지라도 기쁜 빛이 얼굴에 가득하여 술과 고기로 큰 잔치를 배설(排設)[9]하니 그런즉, 이 행복을 버리고 누가 능히 명예심을 유지하여 나라를 위하여 몸을 내어놓기를 생각하리오. 말이 이 지경에 이르니 기가 막히고 뼈가 서늘하여 다시 말할 수 없노라.

넷째, 자격과 참는 힘

그 넷째는 자격과 참는 힘…… 군인의 튼튼한 자격은 강하고 꿋꿋한 것의 근원이라. 대저 무명옷 풀모자와 대지팡이 짚신은 천리강산을 발섭(跋涉)[10]하여도 그 힘이 오히려 꿋꿋하나 그러나 만일 그 얼굴이 얌전하고 그 의복이 화려하여 수팔련(水波蓮)[11]에 옥동자 임함과 같으면 그 모양이 아름답기는 아름다우나 그러나 한줄기 비와 한 때 바람에 바람을 견디지 못하면 무엇하리오!

하물며 군인은 바람에 밥 먹고 이슬에 잠자는 것은 통상한 법이요, 산을 넘고 물을 건너는 것은 앞에 당한 일이라. 그런고로

---

8) 출주(出駐) : 군대가 일정한 지역에 나가 주둔하는 것.
9) 배설(排設) : 연회나 의식(儀式)에 쓰는 물건을 차려 놓음.
10) 발섭(跋涉) : 산을 넘고 물을 건너 길을 감. 여러 곳을 두루 돌아다님.
11) 수팔련(水波蓮) : 잔치나 굿을 할 때에 장식으로 쓰는 종이로 만든 연꽃

그 몸이 끓는 물, 타는 불 가운데 있어도 그 뜻을 변치 아니하여야 백번 꺾어져도 돌아서지 않는 기개가 있은 연후에야 번번이 이길 기회를 결단하나니, 대개 내가 고단할 때에는 다른 사람도 또한 곤하고, 내가 가쁠 때에는 다른 사람도 가쁜 것이라. 이때를 당하여 내 능히 한번 용맹을 더하여 탄환이 비 오듯 하는 아래 한 걸음만 더 나아가면 그 승전한 공은 부득불 나에게 돌아올지로다.

그런고로 옛적에 나폴레옹이 가로되 승패의 결과는 마지막 15분 동안에 있다 하니, 당연토다 이 말이여. 이는 가히 만고 영웅의 착실한 경력이로다.

비록 그러하나 소위 참는 힘이라 하는 것은 평일에 앉아 말하기는 쉽고, 실제에 당하여 행하기는 어려우며 또 한 때에 이치의 생각으로 허한 지경을 건너가는 데는 쉽되 평생의 기운으로 참 지경에 당하는 데는 어려우니, 비유컨대 우리가 달음질하는 마당에 임하여 그 승부를 구경하다가 그 달음질하는 자가 서로 앞뒤를 다투어 그 신지(信地)12)에 가까이 옴을 보면 응당 우리는 손뼉을 치며 소리를 지르며 "어서 어서!" 하기를 마지아니할지나 그러하나 저 당국자는 힘이 다하고 맥이 풀려 앞서고자 하여도 능치 못함에 어찌하리오.

---

12) 신지(信地) : 목적으로 삼는 곳. 목적지.

그런고로 참는 힘의 후厚하고 박薄한 것은 천연적天然的도 아니오, 한때의 우연한 일도 아니요, 반드시 정신으로 부어주고 이상으로 공부하고 경험으로 단련하여 백번 불에 들어간 쇠와 같은 연후에야 그 값어치를 찾으리로다.

2장. 국민이 다 군사 되는 주의와 시행의 방책

이 위에 말한 것은 다 군인의 정신적 교육이니 국가와 사회에 의뢰하여 성립한 바이요, 그 외에 소위 국민이 다 군사 되는 주의는 그 시행할 방책을 대개 세 가지로 나누어 말하리니, 그 첫째는 가정에 있고, 그 둘째는 학교에 있고, 그 셋째는 사회에 있다하노니 이 세 가지의 공덕과 영향은 국가가 그 이익을 거둘진저.

첫째, 가정

가정교육은 실로 개인 교육의 근본이라 정승이 되고 장수가 되는 것이 어찌 종자가 있으며 하나는 범 되고, 하나는 개가 되는 것이 어찌 정한 이치가 아니리오. 이는 다 유년 교육의 좋고 좋지 못한 관계라. 그런고로 이전부터 오늘까지 일반 무육국武育國 교육은 하필 동네를 가려 살지도 않고, 자식을 바꾸어 가르치지도 않고 다만 체육과 지육과 덕육으로 세 가지 근실을 삼아 사나이의 일평생 전정前程13)을 가정으로 시작하나니 이는 오늘

천하에 통한 법이라.

그러하나 이 사상이 전일 우리 동국에 덕육과 지육을 먼저하고 체육을 뒤에 함과 같이 아니하여 무릇 일반 어린 아이들은 신체를 강건케 함으로 먼저 힘쓸 때 그 장난하는 것과 그 구경하는 물건과 그 외에 일동일정(一動一靜)을 다 법도에 합하게 하고, 풍기에 적당하게 하여 한편으로는 그 담력을 건장하게 한편으로는 그 기운을 장하게 하니 실로 좋은 법이요, 옳은 방법이라 할지로다.

그러하나 이제 나 머리를 조아리며 손으로 절하고 우리 동포에게 간절히 비는 것은 옛적에 스파르타국과 같이 신체 약한 아이는 강이나 산에 버려 호랑이나 고기의 미끼를 만들고, 강장(强壯)한 자는 나라에서 세운 아이 기르는 집에 보내어 그 부모의 사랑을 빼앗고자 함도 아니요, 다만 어진 어머니와 엄한 아버지가 있어 그 자식을 옳은 방법으로 가르치되, 비록 어린아이 잠재우는 노래라도 결단코 의미 없고 이치 없는 "자장 자장 자장 우리 아기 잘도 잔다. 뒷집 강아지 못도 잔다" 하는 노래를 하지 말고, 반드시 스파르타 여자와 독일 부인들의 재미있고, 기운 있는 노래를 배울지며, 또 그다음에는 비록 어린아이들의 장난을 금할지라도 저 무섭고 겁낼만한 말로 "저 곽쥐 보아라"14) "왜놈

---

13) 전정(前程) : 앞으로 가야 할 길.

온다" 하는 말을 써서 어린아이들의 연한 담膽을 깨뜨리고, 천연한 기운을 잃게 만드니, 이는 한때의 희롱으로 평생의 악한 결과를 주는 것이라. 그 외에 두어 가지 필요하고 가히 없지 못할 것을 들어 이 아래 기록하노니,

〔1〕 장난하고 행동하는데 편리한 수수한 의복

아이들의 의복은 아무쪼록 화려한 것을 제除하고 수수한 것을 숭상하여 장난하고 행동하는데 편리하게 하는 것이 가하니, 대개 우리나라 아이들의 열의 아홉은 일찍이 부모의 호령의 구박한 바가 되어 하루아침에 새 옷을 입으면 혹 이것이 물이나 흙에 더럽혀질까 혹 이것이 일어나고 앉을 때에 구겨질까 하여 필경엔 두 손을 늘어뜨리고 머리를 돌리지 못하고 한 걸음 두 걸음에 옆으로 보고 바로 보아 걸어다니는 송장이 되니, 이는 그 어린아이에게 당하여 의복이 아니라 곧 박승縛繩15)이라. 차라리 이것을 바꾸어 무명이나 베로 대신하고 세탁이나 자주 하면 가정경제와 아이 교육에 그 이익이 크고,

---

14) 예전에 세력을 떨치던 '주(走)' 자 변의 이름을 가진 곽준(郭䞨)의 여덟 형제의 별명인 곽주(郭走)가 변한 것으로, 보채거나 우는 아이를 을러서 달랠 때에 쓰는 말이다.
15) 박승(縛繩) : 죄인을 묶는 끈.

[2] 군인놀이, 장난감으로 병기를 가까이

우리 나라 아이들은 평생에 병기를 크게 무서워함이 또한 큰 흠점이니 이도 또한 그 부모의 엄히 경계하는 것이라. 대개 병기는 흉흉한 그릇이라 능히 사람을 상하며, 능히 사람을 죽이나 그러하나 어른이나 어린이를 물론하고 만일 병기와 서로 친하여 그 가지는 법을 알고 그 쓰는 법을 알며, 설혹 그동안에 한두 번 불행한 일을 당할지라도 그 마지막에는 경험이 많아지리니, 경험이라 하는 것은 원래 큰 겁을 치르지 않으면 세상에 한 탄생치 않는 묘한 물건이라. 사람이 경험을 구하지 않으면 장차 무엇을 취하리오. 그런고로 나의 의견은 비록 당일에 일천 명 일백 명의 건장한 아이를 잃을지라도 우리나라 아이들에게 병기를 많이 주어 명일明日16)에는 그 쓰는 법을 알고 재명일再明日17)에는 경험을 얻고, 그 후에는 수저와 같이 친하고 마지막에는 천만 명의 건장한 아이들을 얻어 조선에 유조有助18)한 백성 만들기를 원하고 기도하노라.

다만 이뿐 아니라, 유럽과 아메리카 사람들은 흔히 어린 아이들에게 장난감을 주되 공기총, 조총 등으로 제일 아름

---

16) 명일(明日) : 오늘의 바로 다음날.
17) 재명일(再明日) : 모레, 2일 후.
18) 유조(有助) : 도움이 있음.

다움을 삼아 실지로 연습하기를 시험하고 그 외에 나팔과 북과 안장 얹은 목마와 허수아비 군사와 군기, 국기 같은 것을 주어 마당이나 마루에 진을 베풀고 그 아이는 친히 찬란한 군복과 빛나는 군도로 장수의 자리에서 구령과 전술을 시험하며 또 군기, 국기의 소중함을 이미 알아 그 근처에 오면 곧 모자를 벗거나 칼을 들어 공경하는 뜻을 다하니 이러하고 나라를 사랑치 않을 자, 어디 있으리오.

나 이것을 보고 우리나라 어린 아이들의 공기나 고누19)를 놓고 앉아 있는 것을 생각하면 실로 기가 막힘을 이기지 못하노라.

[3] 평소 행동에 군인의 기운을

아이들은 어렸을 때부터 군인의 기운을 넣어 주려면 마땅히 걸음 걷는 것부터 먼저 가르칠 것이니, 이는 행군하는 데는 필요할 뿐 아니라, 비록 평일에 행동할 때라도 발을 법도있게 움직여 한 사람 이상이 함께 행할 때에는 그 걸음이 정제하여 후두둑 후두둑 각각 떨어지는 소리가 없게 함이 가하도다. 청컨대 오늘 우리나라 사람들의 걸음

---

19) 땅에 선을 긋고 풀, 돌 등으로 만든 말을 움직여서 겨루는 놀이(꼰, 고누)를 말한다.

걷는 것을 볼지어다. 저 여러 사람들이 함께 가는 것은 고사하고 다만 두 사람이 함께 갈지라도 하나는 툭하고 하나는 탁하여 그 발자취가 소나 말의 걸어가는 것과 같으니, 사람이 소와 말과 같음은 소와 말이 옷 입은 것과 무엇이 다르리오.

둘째, 학교

학교라 하는 것은 좋은 국민을 제조하는 기계창이요, 나라 풍속을 개량하는데 근원이요, 국민 직업의 예비하는 곳이라.

진실로 국민 전체의 조직을 군인으로서 하고자 할진대 마땅히 학교로부터 시작할 것이요 또한 국민으로 하여금 어떠한 사업을 할 마음과 어떠한 단련과 어떠한 군인의 정신 기질을 가지게 하고자 하면 마땅히 먼저 학교 제도를 어떻게 할 방침을 정한 연후에 가함을 알아야 할지니,

대저 교육의 큰 근본은 그 나라 운명으로 함께 나아가는 자라. 그런고로 학교의 제도도 또한 그 나라 국시의 일부분이라 함이 가하고 이것을 바꾸어 말하자면 한 나라의 학교 제도를 보면 그 나라의 전정前程을 가히 판단할 일이로다.

청컨대 학교 제도를 말하건대 이제 국민을 다 군사 만드는 주

의가 이에 이르러 비로소 나타나니 그 하나는 가로되 확장이요, 또 하나는 가로되 연락이라.

소위 확장이라 함은 무엇이뇨? 곧 군인의 교육을 학교에 확장한다 함이니 그 종지宗旨와 정도正度는,

[1] 체조와 총조銃操

: 도수 조련과 집총 조련과 분대 조련으로 소중대 조련까지

조련은 마땅히 간략한 것으로부터 번거한 데 들어가고, 쉬운 것으로부터 말미암아 어려운 데 들어가고 더욱 마땅히 생도의 나이와 지식 정도를 보아 표준할 것이요, 결코 등급을 뛰어 올라감을 허락지 말지며 무릇 모든 동작을 익히 통달한 연후에 그치되 소학교는 소대 조련에 그치고 중학교는 중대 조련에 그칠 것이오.

[2] 운동과 장난,

: 행군, 야외 연습, 과녁 쏘기, 칼춤 추기, 산에 오르기, 배젓기, 헤엄치기

운동하고 장난하는 것은 원래 젊은 사나이들의 제일 좋

아하는 일이라. 귀에 나팔과 북소리가 들어가고 눈에 칼기운과 창빛이 번쩍거리면 마음과 간이 스스로 뜨고, 흥치興致[20]와 맛이 또한 동하여 괴로운 생각을 깨닫지 못하니 그 형세를 인하여 잘 인도한다 하면 그 이익이 큰지라. 그러나 이 즈음에 당하여 기율紀律은 불가불 엄히 할 것이요, 제한制限은 불가불 정할 것이니, 만일 법도없이 방탕하여 범위 밖에 나가면 그 해害가 더욱 큰 연고라.

그러나 학도들의 본 학교 질음을 부르거나, 군가를 노래함은 만일 조련장이나 또 가히 금할 만한 경우 외에는 도처에 마땅하고 또 그 활동하는 장난은 응당 그 땅 형세를 인하여 베풀 것이니 만일 학교의 자리가 산에 가까우면 사냥하기, 산에 오르기, 산초 베기, 그런 장난이 심히 마땅하고 만일 바다에 가까우면 헤엄치기, 배젓기, 이런 것으로 인도하여 사람과 땅의 서로 합당한 것을 잃지 않음이 또한 아름다운 일이로다.

[3] 군율

군율軍律이라 하는 것은 군대의 정신이라. 상관上官을 복종하며 명령을 존중히 여겨 군대의 질서를 유지하고 법령과

---

20) 흥치(興致) ; 흥(興)과 운치(韻致)를 아울러 이르는 말.

규칙으로 서로 등짐이 없게 함이니 긴요하게 말하자면 전체 군대로 하여금 한결같이 협동하는 기관이라.

고로 군율이 정돈치 못한 군대는 곧 오합지중烏合之衆이요, 저 밭 갈던 농부와 장사하던 시민을 몰아다가 놓은 것에 지나지 못하고 또 군율의 원수怨讐되는 것은 방자하고, 거스르고, 거짓의 것을 만들고 행실을 단정히 못하고 또한 겁이 많고 나약한 것이라. 이제 군율 엄정한 것에 두어 가지 이야기를 들어 말하건대,

옛적에 나폴레옹이 연합군에게 곤困한 바 되어, 한 걸음을 능히 나아가지 못할 때에 나폴레옹이 그 부하 보병 정위正尉21) 한 사람을 명하여 속히 그 대중을 거느리고 앞에 막힌 적병을 물리치라 하니 그 중대장이 비록 자기의 일 중대中隊로 능히 저 큰 진을 저당抵當22)치 못할 듯하나, 장수의 명령이 자기의 생명보다 중함을 아는 고로 곧 군사를 독촉하여 적진으로 나갈 때 필경에는 백보 안에 가까운지라. 중대장이 그 중대를 그곳에 세우고 단신單身으로 적진을 향하니 적장은 원문轅門23)에 앉아 한 외로운 군대에 오는

---

21) 정위(正尉) : 대한제국 때에 둔 위관계급의 하나. 참령의 아래로서 부위의 위이다.
22) 저당(抵當) : 맞서서 겨룸.
23) 원문(轅門) : 군영(軍營)이나 영문(營門)을 이르던 말.

것을 보고 스스로 생각하기를 필시 이것이 항복하러 오는 것을 의심 없다하고 그 장군이 오기를 기다리다가 그 서로 가까운 땅에 당하여는 그 중대장이 기회를 타 적장을 베고 칼을 들어 돌격을 명하니 프랑스국 군사는 적진에 들어가 좌우로 충돌하며 나폴레옹 본영은 이 기회를 타 대병大兵으로 앞에 당도하니 드디어 적병이 흩어져 앞길을 열었다니 이는 다만 군율이 엄정한 효력이라. 이것이 비록 한가지 전하는 말에 지나지 못하나 그러하나 아하 이것을 가지고 이전 해하垓下에 초패왕楚霸王의 옛일24)을 생각하면 그 누가 이기며 누가 패敗할고?

또 한 가지 이야기 있어 족히 생도들로 하여금 군율의 중함을 알게 할 자 있으니, 옛적에 독일과 프랑스의 전쟁이 그친 후에 프랑스의 한 군인이 독일 군대에게 사로잡힌 바 되었다가 필경엔 고국에 돌아와 청년 자제들을 거느리고 군사교육을 힘쓸 때, 하루는 실지로 전술을 연습하기 위하여 일반 생도를 두 편으로 나누어 하나는 침범대를 삼고 하나는 방어대를 삼은 후에 각각 정탐과 척후병을 파송하여 적병의 정형定型과 지리地理를 탐지할 때, 그 중에 한

---

24) 중국 한나라 고조 유방이 기원전 202년에 해하(垓下)에서 초나라의 항우와 싸워 이긴 싸움으로, 포위된 항우는 사면초가를 마지막으로 최후를 맞이했다.

생도가 있어 이것을 다만 장난으로 알고 적병의 정탐을 만나 그 내정(內情)25)을 다 말하고 또 그 동관 아무아무는 아무대로 쫓아 아무대로 간 것을 말하고 서로 떠난 후에 필경엔 그 정탐들이 다 적병에게 사로잡힌지라. 일을 마친 후에 그 사로잡힌 생도들이 아무의 소위(所爲)를 분히 여겨 그 선생에게 고하니 그 선생도 또한 노하여 당장에 아무를 잡아들여 여러 사람 앞에 세우고 "너는 나라를 사랑하기를 배우지 않고, 나라 팔아먹기를 배운다" 하고, 학교에 감금을 명한 일이 있으니, 이도 또한 군율의 엄중함을 가르치는데 좋은 이야기로다.

[4] 군사상 지식

군사상 지식은 국민을 다 군인 만드는 주의의 가장 긴요한 것이니, 오늘날 군대에 일은 이전과 같이 남양(南陽) 초당(草堂)26)으로 한번 나와 다만 지략으로 삼군을 지휘하지 못할 때라.

고로 이제 군사교육의 급선무는 곧 군사상에 모든 실지 연습이요, 그다음에는 우선 자기 나라의 군제·병제와 해방·

---

25) 내정(內情) : 내부의 사정. 내막 또는 속사정을 가리킴.
26) 남양(南陽)은 중국 허난성에 있는 지명으로 제갈량의 고향이다. 제갈량은 이곳에 초가집을 짓고 거처하였는데, 유비가 삼고초려한 장소이다.

육방과 전술·전략 같은 모든 긴요한 사무와 또 외국 군제와 고금 전쟁 사기와 유명한 장수들의 전기를 공부하고 배워 처음에는 정신적 교육으로 시작하고 마지막에는 실지적實地的27) 전습을 시험하여야 그 공이 자못 드러날지라. 어찌 옛날 무부들의 오직 힘만 믿던 일을 배우리오.

[5] 군사적 재조28)

군인의 필요한 재조는 우선 문산文算을 알아 무릇 군대에서 쓸 글자의 격서와 보고와 조문과 제문 같은 것을 용이하게 쓰기를 요구하고 그 외에 다시 원근遠近을 헤아려보는 것과 산천山川 지도를 그리는 법과 일체 긴요한 사무를 모두 민첩하고 속히 함이 가하니 만일 군인이 이것을 능히 못하면 가히 완전한 군인이라고 말할 수 없도다.

소위 연락이라 하는 것은 학교를 군제로 연락하여 학교를 변하여 군대를 만듦이니 청컨대 그 시행할 방법을 말하건대,

① 소학교는 소대 조련으로 극도를 삼아 대개 5년으로 한정하고 그 학교 교사나 군대에 하사로 가르치게 하고,

---

27) 실지적 (實地的) : 실제의 처지나 경우와 같은.
28) 재조(才操/才調) : '재주'의 옛말.

② 중학교는 중대 조련으로 극도를 삼아 대개 3년으로 한정하고 교수는 휴직 장교와 하사로 전충(塡充)29)함이 가하고,

③ 대학교는 중대 대대와 대대 이상 조련을 임의로 시행하되 2년으로 한정함이 가하니 이는 오늘날 북미 합중국 각 관립 대학에서 전제로 시행하여 무릇 남학도 1, 2년생은 피하고자 하여도 감히 못하는 것이요, 또 그 규모는 비록 지극히 작을지라도 한두 대대로 편집하여 그 안에 보병, 포병, 공병, 치중병(輜重兵)30)과 군의대 같은 것을 간략하게 설비하고 또 그 외에 군악대(軍樂隊) 하나는 가장 필요한 것으로 알아 모든 군제가 볼 만하게 만들어 놓았으니 이는 가히 조직에 큰 결점이 없다 할지로다.

나는 여기 당하여 불가불 각별히 주의할 것은 대개 중대 조련은 군대에 가장 긴요하고 더함이 없어 군인의 각양 활동이 이에서 분별이 나는 연고라. 대개 그 이유를 자세히 말하자면 분대와 소대는 너무 간략하여 군인 행동에 미비한 것이 많고 대대와 연대 이상은 다만 각 중대가 항상 긴요한 원위(原位)가 되어 모이고 헤어지는 데서 지나지 못하는

---

29) 전충(塡充) : 빈 곳을 채워 메움.
30) 치중병(輜重兵) : 군수품을 실어 나르던 병사.

고로 물론 어떠한 군대든지 중대 조련이 착실치 못하면 가히 군대의 형체를 만들지 못하는 바라.

그런고로 중대 조련은 『보병조전步兵操典』31)에 곧 말하기를 군인의 졸업하는 곳이라 하였으니, 이것이 망령된 말이 아니로다. 또 중학교 조련은 응당 통상 조련 외에 파수把守32)와 보초步哨와 척후斥候33)와 정탐偵探34)과 그외의 각양 긴요한 사무를 착실히 연습하여 범연히 보지 못할 일.

통이언지35)하면 한 학교는 곧 한 군대요, 한 국가도 또한 한 군대 따름이니 나라에 대하여 말하면 각 학교의 관립 사립을 물론하고 필히 일통一統으로 연락하여 머리털 하나를 당기면 전신이 동함과 같이 소·중·대학이 다 군인의 책임을 담부擔負할지라. 대저 일은 실지를 밟아 본 연후에 그 어려운 것을 알고 그 어려운 것을 지난 연후에 그 낙을 아나니, 만일 전국 국민으로 하여금 군인의 낙을 다 알면 저 강한 적국의 바람과 물결을 헤치고 하늘과 땅을 뒤놓으며 오는 것을 어찌 근심하리요.

---

31) 『보병조전(步兵操典)』은 대한제국기인 1898년에 근대적인 군사훈련 시행을 목적으로 간행된 군사교범이다.
32) 파수(把守) : 경계하여 지킴.
33) 척후(斥候) : 적의 형편이나 지형 따위를 정찰하고 탐색함. 또는 그런 임무를 맡은 병사.
34) 정탐(偵探) : 드러나지 않은 사정을 몰래 살펴 알아냄.
35) 통이언지(統而言之) : 다스려 말함, 종합해서 말함.

또 이뿐 아니라, 만일 학교 제도를 이같이 조직하면 그 안과 밖으로 형용 있고 형용 없는 이익이 적지 않으니,

첫째는 비록 이 제도를 실행한 지 다섯 해 후에 징병법을 행할지라도 그 기한을 가히 줄일 것이요, 둘째는 징병의 기한을 줄임으로 매년에 군비를 가히 감할 것이요, 셋째는 전국에 군사 지식이 널리 퍼질 것이요, 넷째는 군인의 학식과 기예가 쌍으로 정하여 문무의 장구한 술법을 아울러 쓸 것이요, 다섯째는 이상의 모든 것을 의지하여 나라가 위엄과 명예를 더할지라.

오호라, 독일제국의 군사교육이 이것이 아니고 무엇이뇨? 그런즉, 이전 사람들의 아름답게 여기는 바 군중의 사졸들이 다 효경을 읽는다하는 것은 오히려 우습고, 저 장막 속에서 천리를 예산하던 사람과 초당 안에서 삼국 지도를 그리던 선비도 다 이 가운데서 볼지라.

아하, 그 사람들은 다 한 때에 쑥 나와서 시세의 만든 바 영웅이어니와 이 소학, 중학, 대학을 지나 유년, 청년, 장년으로 된 영웅들은 장차 무엇을 만들 이요. 시세(時勢)여 나는 차라리 시세를 만드는 영웅을 원하노라.

셋째, 사회

사회에 당하여는 그 방책이 또한 세 가지가 있으니, 첫째는 사회의 조직을 정하고, 둘째는 사회의 풍기를 떨치고, 셋째는 사회의 이목을 새롭게 함이라.

[1] 사회의 조직을 정함

소위 사회의 조직을 정한다 함은 무엇이뇨? 가로되 군대의 조직으로 사회를 조직함이니 대개 국민이 어려서는 학교의 교육을 받으나, 그러하나 그 일평생의 많은 부분은 사회 중에서 노는 고로 사회교육을 받는다 할지라도 무방하니, 통이언지하면 사회라 하는 것은 국민을 만들어 내는 큰 화로라.

그런고로 사회가 완전치 못하면 국민이 또한 건장치 못할지라. 대개 사회는 그릇과 같고, 국민은 물과 같아 물은 그릇의 모지고 둥근 것을 따라 유동하고 국민은 사회의 모양을 따라 행동하나니 군대 조직이라 하는 것은 직분을 다하고 기율을 지키되 무협을 숭상하는 정신이요, 군대 조직이라 하는 것은 충실하고 질박한 것을 가르침이요, 군대 조직이라 하는 것은 약속을 중히 여기고, 큰 의를 사랑함이요, 그 마지막에는 공동한 정신으로 급한 것을 서로 돕는 의협심 따름이라.

이 마음으로써 하여 사회 활동의 중추中樞를 만들고 중앙과 및 지방정부의 입법, 사법, 행정 등 각양 기관을 군사상 지식으로 운전함은 그 기운이 엄숙하고 중하며 그 기관이 법도 있고 그 민첩하여 사회의 조직이 한번 변함에는 천지간에 한 새나라 백성이 나오리로다.

[2] 사회의 풍기를 떨침

소위 사회의 풍기를 떨침이 무엇이뇨? 첫째는 가로되 사회의 풍기로 하여금 한결같이 부지런하고 괴로운데 나아가는 것이니 사치하고 게으른 즉, 이는 약한 것을 부르고 망하는 것을 부르는데 선봉이라. 진실로 강하고 굳센 국민이 되고자 할진대 먼저 마땅히 부지런하고 괴로운 데로부터 시작할지니 오늘 세계에 나서서 그 사생과 존망은 오직 근기根氣의 후박厚薄으로 단정하고 근기를 양하는 큰 약재는 다만 부지런하고 괴로운 대로 쫓아 나오는 바라. 한 나라 사람으로 하여금 능히 각각 독립의 생활을 경영하면 그 뜻이 굳어지고 그 몸이 강건하여 그러한 연후에 정신이 뇌락한 고로 부지런하고 괴로운 것은 국민을 다 군사 만드는데 긴요한 바탕이요.

둘째는 가로되, 사회의 풍기로 한결같이 무기를 숭상하는데 나아가게 함이니 무기를 숭상함은 일반 국민을 다 군사 만드는데 본분이라. 그 천근(淺近)36)한 자로부터 말하자면 그 체육의 발달을 장려하여 말달리기와 격검(擊劍)하기와 유술(柔術)37)과 씨름과 뜀과 각양 운동을 힘쓰고, 또 공원이나 길거리에는 유명한 장사와 유공한 군인의 동상을 세우고 이전에 용맹스럽게 싸우던 그림도 새겨 사람의 마음에 감동하여 깨달음을 얻게 하며, 그 외에 연설의 방법과 광대의 놀음과 물건을 사는 데는 당시의 군인과 대학교 학생에게는 특별히 이익을 주어 명예를 보전케 하되, 군인과 학생은 두 가지로 보지 말고 일체로 대접하여 상하가 한결같이 완전한 국민이 된 후에 우리 역사상의 거룩한 영광을 멀리 드러내면 그 아름답지 않느뇨.

[3] 사회의 이목을 일신

소위 사회의 이목을 새롭게 한다 함은 무엇이뇨? 무릇 신문과 광대놀음과 미술과 문학, 노래 같은 것은 다 족히

---

36) 천근(淺近) : 지식이나 생각 따위가 깊지 아니하고 얕음.
37) 유술(柔術) : 주로 무기를 쓰지 않고 치고, 찌르고, 차고, 던지고, 내리누르고, 조이고, 관절을 꺾는 등의 방법에 의하여 상대를 제어하는 무술.

국민의 정신을 이리하고 저리하여 격동도 시키고 감화도 시키는 자라. 형용 없는 정신은 반드시 형용 있는 물건으로 말미암아 감동되어 사람의 마음에 들어감이 깊은 고로 옛적에 스파르타국이 이웃 나라에게 패한 바 되어 구원을 아전에 청하니 아전이 군사로써 보내지 않고 오직 한 사람의 나팔38) 잘 부는 자를 명하여 군령을 응하여 고동鼓動하니 이에 군사의 기운이 다시 새로워 적병을 크게 패하였으니 오호라! 계명산 가을 달밤에 퉁소를 불어 초패왕의 군사를 헤침39)과 다른 것이 무엇이뇨? 나는 이로 말미암아 물건의 사람을 감동함이 크고 또 깊은 줄로 믿노라. 그런고로 그 대개大蓋를 말하건대,

① 신문

신문이라 하는 것은 국민 전체의 정신을 유통하는 기관이라. 그런고로 군사 지식이 널리 퍼지기를 도모하고자 하면 반드시 신문으로부터 시작할지니, 신문의 세력은 한 사람의 간으로 좇아 나와 일만 사람의 골수 중에 들어가는 고로 오

---

38) 원문에는 가로로 부는 피리를 의미하는 '저'로 되어 있으나, 군령에 고동하는 악기로서는 '나팔'이 더 적절하다고 판단된다.
39) 계명산(鷄鳴山) 추야월(秋夜月)에 장자방이 옥통소로 사향가(思鄕歌)를 불어 초나라의 8,000군사를 흩어지게 하여 항우를 패망케 하였던 것을 가리킨다. '헤침'은 군사를 흩뜨리는 것을 의미한다.

직 사나이를 변하여 계집을 만드는 외에는 일만 가지 능력이 있어 능히 선지자도 되고, 예언자도 되고, 기차의 기관수도 되고, 여행의 향도자도 되며, 그 외엔 사회의 상벌을 밝히고 내외의 시비를 판단하여 큰일 작은 일을 한가지 붓으로 분간하니, 그런즉 이것으로써 군사교육의 지남침指南針을 만들어 국시를 발양發揚하면 그 결과가 장차 어떠하리오.

② 광대놀음

광대놀음에 대하여는 대저 사람의 정신과 생각으로 말미암아 무슨 일이 다만 마음 가운데 거짓 형용만 보이는 것은 참으로 실제에 증험하여 그 투철하고 명백함을 보는 것만 같지 못한고로, 우리가 옛적 일을 생각하매 가령 홍문연 큰 자리에 항장項莊40)의 칼과 번쾌樊噲41)의 눈이나 화용도 좁은 길 관운장關羽·조맹덕曹孟德의 옛일42)을 생각하면 그

---

40) 항장(項莊) : 항우(項羽, B.C. 232~ B.C.202)의 사촌동생으로 홍문(鴻門)에서 열린 연례에서 검무를 추다가 유방을 죽이려고 하였으나 성공하지 못하였다.
41) 번쾌(樊噲, ?~B.C.189) : 중국 한나라 고조 때의 공신. 기원전 206년에 홍문(鴻門)의 회합에서 위급한 처지에 놓였던 유방을 구하여 후에 유방이 왕위에 오르자 장군이 되었다.
42) 『삼국지』의 주요 대목으로 판소리로 불리거나 고전소설로도 널리 읽혔다. 화용도(華容道)는 허베이성에 있는 좁은 절벽으로 적은 수의 군대만 통과할 수 있는 지역이었는데, 관운장(關雲長)이 조조를 잡기 위하여 매복하고 있다가 마주쳤지만 이전에 조조에게 은혜를 입은 일이 있어 조조를 놓아 보

엄숙한 기운과 그 의협심이 과연 우리의 마음과 분노를 얼마나 기르나뇨. 그러하나 이것을 만일 놀음 잘하는 광대로 친히 스스로 항장·번쾌·관운장·조맹덕이 되어 그 진경眞景을 그려내면 그 마음을 감동케하고 분노를 기르는 것이 아까 아무 형용 없는 글자나 소리 들을 때와 비교가 다를지라. 그런고로 광대놀음도 사회의 풍기를 고동하는데 한 이로운 기관이라.

우리가 실로 사회의 풍기를 개량하는데 종사하고자 하면 광대놀음의 개량하는 것이 또한 긴요한 일이니, 오늘 우리나라에는 슬픈 놀음이나 기쁜 놀음이나 합당한 광대놀음이 온전히 없다하여도 과격한 말이 아니요, 설혹 있다 하여도 그 가장 높은 것으로 말하면 항장무, 적벽가와 그 다음에는 놀부 흥부의 박 타는 것과 이도령 춘향의 기박奇薄한 연분 같은 것이요, 그 아래로 산대도감山臺都監43), 솟대쟁이44) 같은 것은 너무 비루하여 말이나 글에도 가히 거론치 못할 놀음이라. 이것으로써 소위 재미있는 놀음이라 하여 사람

냈다. 관우의 이 같은 행동에 대하여 제갈량은 군법을 적용하려 했지만, 유비의 간청으로 용서해 주었다.
43) 산대도감은 산대놀음, 산대극을 하는 사람의 단체를 가리킨다. 산대극은 이 단체에 소속된 연희자들이 전승하던 가면극이다.
44) 솟대쟁이는 솟대 꼭대기에서 양편으로 두 가닥씩, 네 가닥의 줄을 늘여 놓고 그 위에서 여러 가지 재주를 부리는 사람을 가리킨다.

의 마음을 일천척一千尺 구덩이 아래 빠지게 하니 이 어찌 한심치 않으리오.

오호라 이제로부터 모든 악한 장난과 또 타국의 놀음은 많이 버리고 온전히 우리 국수적國粹的 옛일을 들어 새 희대戱臺45)를 열어 을지문덕 천합소문泉閤蘇文46)이 수나라 당나라 군사를 몰아내던 것과 김유신의 소정방을 꾸짖던 일과 박제상朴堤上이 계림신이라 일컫던 일47)과 이순신이 왜병을 파하던 일과 김응하가 나무 아래서 홀로 싸우던 일48) 같은 것을 들어 역사상 영광을 발양하며 시작하기를 웅장하고 격렬한 노래로 하고 마치기를 강개하고 무르녹은 흥치로 하여 붉은 얼굴 흰 터럭의 거짓 면목으로 그 참 모양을 만들어내면 그 정신의 감격함이 크고 또한 깊을지라. 사회 개량의 책임을 맡은 자 왜 어서 시험치 않으리오.

---

45) 희대(戱臺) : 배우가 연극하는 곳을 말함.
46) 천합소문(泉閤蘇文) : 연개소문을 말함.
47) 박제상(朴堤上)은 신라 시조 혁거세의 후손으로 제5대 파사이사금의 5대손이며 내물왕~눌지왕 시기의 충신이다. 왜에 인질로 잡혀 있는 눌지왕의 동생을 구하기 위해 왜에 가서 눌지왕의 동생은 탈출시켰으나 박제상은 붙잡혔다. 왜왕은 그를 신하로 삼기 위해 협박과 회유를 하였으나 박제상은 자신은 계림(鷄林)의 신하, 즉 신라의 신하라고 하며 충절을 지키다가 참형을 받아 죽었다.
48) 김응하(金應河, 1580~1619)는 조선 선조~광해군 시기의 무관으로 강원도 철원 사람이다. 1618년 강홍립을 따라 후금정벌에 나섰다가 3,000명의 휘하군사로 수만 명의 후금군에 맞서 고군분투하다가 중과부적으로 패배하고 전사하였던 일을 가리킨다.

③ 미술품

사람의 눈에 들어와 마음을 감동케 함은 다만 광대놀음만 아니라 미술품에 사람을 감동케 함이 또한 적지 않으니 여기 당하여는 각종 그림과 환등49)과 활동사진50) 같은 것이라.

국민의 좋아하는 마음으로 인하여 그 이목耳目의 사랑하는 바로 이롭게 인도하면 그 마음에 감동하기 쉬운 것과 간에 새기기 깊음이 이에서 지나가는 자가 없으니 옛적에 프랑스가 프로이센에게 패한 후에 그 국민이 그 참혹한 경상을 그려 각색 단청으로 당일의 진경을 만들어 내어 길거리에 거니 보는 자가 모두 애통하여 정신이 한번 떨치고, 그 외에도 미국과 스페인 전쟁과 일본과 러시아 전쟁 당시에 싸움하는 구름이 아직도 천지에 사무쳤으나 그러나 그 활동사진들은 벌써 국중國中에 편만遍滿51)하여 그 백성들로 하여금 밖에 있는 군인들이 어떻게 고생하고, 어떻게 싸움하는 것을 지척 간에 목격하게 하여 부지불각不知不覺52)에 미친 사람같이 뛰놀게 하여 기쁘고 노함을 곧 얼굴에 드러나게 하

---

49) 환등(幻燈) : 그림, 사진, 실물 따위에 강한 불빛을 비추어 그 반사광을 렌즈로 확대하여 영사(映射)하는 조명 기구 또는 그 불빛. 환등기의 준말.
50) 활동사진(活動寫眞) : 영화의 옛 용어로 국내에는 1903년에 처음 들어왔다.
51) 편만(遍滿) : 널리 그득하게 참.
52) 부지불각(不知不覺) : 자신도 모르는 사이에 느닷없이라는 뜻.

였으니 감히 묻건대 여러분은 이때를 당하여 어떠한 생각이 마음에 동하겠나뇨? 그 죽는 것을 두려워 하겠나뇨? 혹 사람을 즐겨하겠나뇨?

④ 문학작품

망한 나라의 사기史記를 읽으면 초연히 슬퍼하고, 장사의 전기를 읽으면 크게 감동하니 글자에 사람을 동함이 이러한 중에 그 가장 힘 있는 자는 소설이라. 대저 진중에 실지로 경력한 말이나, 전투의 승부로 평론한 것이나 장래의 전쟁을 의논한 것은 다 피눈물 애국심으로 모아 놓고 정신과 용맹으로 전승한 것을 보면 누가 감히 펄펄 뛰며 한번 자기가 친히 시험 하기를 생각지 않으리오. 이외에도 청국에 봉신전53)이 있어 의화단이 일어나고 영국에 '모험 소설'이 있어 식민이 날로 넓어졌으니 이는 다 소설의 힘이요, 소설이 시킨 바라 하노라.

또, 학문 중의 가장 맛있고 가장 효험 있는 것은 곧 시

---

53) 명(明)나라 때의 작품인 『봉신연의(封神演義)』를 말한다. 『봉신방(封神榜)』, 『봉신전(封神傳)』이라고도 불렸다. 저자는 육서성(陸西星)이라는 설도 있고 허중림(許仲琳)이라는 설도 있다. 대륙 고대에 은나라에서 주나라로 바뀌는 왕조 교체기를 다루고 있으며, 이전부터 내려오던 무왕벌주평화가 그 원전이다.

부詩賦와 운문韻文이라. 옛적에 미국에 남북전쟁이 있을 때에 북방에 한 여인 문장가54)가 있어 흑인종을 종문서에서 뽑아내기를 자기의 생명과 같이 알고, 입으로써 붓으로써 주의를 발양하다가 하루는 침침한 검은 밤에 지붕에 올라 북방 장졸의 진을 바라보다가 시 한 수를 지어 세상에 전함에, 그 시를 읽는 자 그 첫 구에는 칭찬하기를 마지않고, 그 둘째 구에는 혀를 끌이고 그 셋째와 넷째 구에는 엄숙한 기운이 사람을 엄습하여 터럭이와 뼈가 스스로 동하고 그 마지막 구에는 혼이 없어지고 넋이 없어져 능히 그 글귀를 다 읽지 못하고 변변히 서로 보다가 사람사람이 다 죽을 마음을 품었으니 이는 우리글로 번역하면,

예수는 사람을 거룩케 하고자 죽었으니
우리도 죽자 사람을 자유하게.

그러하나 이것을 이같이 번역함이 그 뜻은 대개 번역하였으나 그 정신은 온전히 잃은지라. 읽는 자의 상고하기를 위하여 이에 그 본문을 전체로 기록하노라.

---

54) 줄리아 워드 하우(Julia Ward Howe, 1819~1910)를 말한다. 미국의 여류 작가이자 강연자로 '공화국의 전투 찬가The Battle Hymn of the Republic'와 '어머니의 날 선언문Mother's Day Proclamation'(1870)으로 유명하다.

In the beauty of the lilies,
　Christ was born across the sea,
With a glory in his bosom that
　transfigures you and me,
As He died to make men holy,
　let us die to make men free,
*While God is marching on.*55)

⑤ 노래와 음악

노래와 음악의 신묘함은 가히 두말을 안 하고 다 알지라. 석양천夕陽天56) 푸른 풀 언덕에 둘씩 셋씩 짝을 지어 어깨를 걸고 팔을 연聯하고 오는 저 소학교 생도들의 학가와 군가를 섞어 부르는 소리를 들으면 그 한 없는 감동이 과연 어떠하뇨?

그 노래의 옹졸한 것도 평론치 말고, 그 곡조의 한결같지 않은 것도 웃지 마라. 이는 가장 가히 사랑할 만하고 가장 가히 상 줄 만한 단청으로도 형용치 못할 묘한 소리

---

55) '공화국의 전투 찬가(The Battle Hymn of the Republic)'의 일부분이다. 이 노래는 만들어진 당시부터 널리 불려 왔으며 미국의 애국주의를 대표하는 노래 가운데 하나로 꼽힌다. 대통령 취임식에도 연주되는 곡이다.
56) 석양천(夕陽天) : 해 질 무렵의 하늘.

라. 그런고로 나 일찍이 들으니, 연전에 미국 태평양 함대가 일본을 심방할 때에 해군 장졸들이 동경東京에 이르러 신바시新橋 정거장에 내리니 무수한 소학 생도들이 나이는 불과 6, 7세요. 입으로는 겨우 자모음을 읽을 만하나 그러하나 그 항오行伍를 군제로 꾸미고 그 경례를 군제로 인사한 후 일만 명 입이 한목소리로 미국 군가를 불러 미국 사람을 환영함에 장수와 군사가 무한히 즐겨하여 뜻밖에 기쁨을 얻었다 하니 일인은 가히 손님을 대접할 줄 알고, 일본은 가히 무육국이라 하겠도다.

이는 오히려 물론하고 나의 친히 지난 경력으로 말하여도 내가 상년上年57)에 네브라스카 관립 대학에 있어 한 주일 동안 야외 연습을 치르고 마지막 돌아올 때에 우리의 일 대대 이 대대로 연대를 편제하고 관병식을 행할 때 팔백 명 학도가 "받들어 총"하고 서서 군악대로 경례호를 분후 우리 군대의 군가와 미국의 국가를 합하여 부를 때에 나는 마음 가운데 놀란 물결이 충돌하고 잔등에 찬 조수潮水가 왕래하여 터럭 끝이 모두 스스로 올라감을 면치 못하였으니, 이는 비록 조선 국가와 조선 군가는 아니나 그러하나 한때의 감촉으로 그러한 바라. 아모커나 과연 생기 있

---

57) 상년(上年) : 지난해, 작년.

고, 참맛이 있는 군가와 군악이 아니면 어찌 사람을 이같이 감동케 하리오.

어찌하여 오늘날 우리 국민의 가장 큰 흠집은 우리의 일정한 국가가 없음이니, 불가불 이것을 만들어 대소 인민이 통히 다 알게 할 것이요, 소위 민간에 행하는 글에라도 차라리 "초산(楚山)에 앉은 범과 패택(沛澤)에 잠긴 용"58)은 노래할지언정 결단코 "반남아"는 부름이 불가하도다. 아하 저 가증하고 미운 아리랑 타령과 또 반은 울고 그 반은 곡하는 것 같은 수심가(愁心歌)59)는 그 결과가 어떠하였나뇨. 옛날의 「예상우의곡(霓裳羽衣曲)」60)을 이에 가히 생각하겠고, 「옥수후정화(玉樹後庭花)」61)를 아예 가히 보겠도다. 나는 이런 심란하고 더러운 노래는 모두 한 노끈에 묶어 동해로 보내고 다시 사천 년 옛날에 유신국(維新國)을 노래하면……

오호라…… 말하여 이에 이르니 장차 그치고 말려니와 조선

---

58) 여진족 출신으로 조선 태조 이성계와 의형제를 맺고 조선 건국에 동참했던 이지란(李芝蘭, 1331~1402)이 지은 시조의 초장이다. 초산(楚山)의 범은 서초(西楚)의 패왕 항우(項羽)를 말하고, 패택(沛澤)의 용은 한 고조 유방을 가르키는데 유방의 고향 패풍읍(沛豊邑)에 있던 큰 연못을 말한다.
59) 수심가(愁心歌)는 서도 민요를 대표하는 노래이다. 수심가는 '슬프고 근심하는 마음이 가득찬 노래'라는 뜻으로 내용은 인생의 허무함을 노래하고 사랑하는 님을 그리워하는 것이 주를 이룬다.
60) 예상유의곡(霓裳羽衣曲) : 중국 당나라 현종이 즐긴 선인(仙人)을 노래한 무곡(舞曲)이다.
61) 옥수후정화(玉樹後庭花) : 남북조 시기 진 나라 후주(後主)가 지은 음란한 가곡으로 이 곡이 유행한 후에 진 나라가 멸망하였다.

혼이여! 조선 혼이여! 오늘날 조선 혼이 어디 있나뇨? 돛대를 푸른 바다에 띄우니 풍파가 망망하도다. 뱃머리에 쾅쾅 울리는 것이 독립의 북이냐? 배꼬리에 펄펄 날리는 것이 자유의 깃발이냐? 그러하나 배는 혹 바다 밑에 빠지기도 하고, 혹은 또 선경仙境62)에도 이르는 것이라. 황금 세계를 어느 날 서로 보며 태평 생애를 어느 때 누리리요. 감히 청하노니 오늘 조선 국혼을 부르고자 하면 무육 따름이요, 국민이 다 군사 될 따름이요, 교육과 폭동을 일시에 한 따름이라. 오호라 조선국은 조선 사람의 조선이 아니뇨! 가히 어여쁘도다 나의 조선국이요. 가히 사랑할 만 하도다 나의 조선 동포들이여!

---

62) 선경(仙境) : 신선이 산다는 곳, 즉 경치가 신비하고 그윽한 곳을 의미함.

3장. 국민이 다 군사되는 주의와
오늘 정형에 대하여 언론

　이 위에 말한 바는 우리나라도 있고 정부도 있어 학교와 사회와 가정의 교육을 국가에서 감독하게 된 연후에야 가히 의논할 것이라. 그러한즉 오늘날 조선 사람이 되어 오늘날 조선에 처하여 이런 의견을 말하는 것은 오히려 어리석은 사람이라. 소학교 하나를 임의로 세우지 못하는 날에 어찌 대학을 언론하며, 사냥총 하나를 사사로 두지 못하는 날에 어찌 군기를 생각하리오. 그런고로 이 위에 말하는 바는 비록 하늘과 땅을 뒤집고 산과 물을 엎치는 수단이 있다 하여도 다 그림의 떡이요, 실상으로 행하지 못할지로다. 아하 분하고 절통치 않으뇨?

　그러하나 한나라 백성으로 하여금 진실로 다 군사를 만들고자 하면 다만 우리가 이것을 일찍이 생각지 못한 것이 아니요, 이미 생각하여 깨달은 바에는 능히 실행할지라. 하물며 오늘 조선 국민이 되어 한 번 싸움은 죽어도 피치 못할 일이요, 군사 되는 의무는 아무라도 면치 못할 이날 이리요. 그런고로 우리는 다만 모르는 것을 한恨 하지 말지며, 또한 차라리 영웅이 없는 것을 한할지언정 결단코 기회가 없는 것을 한하지 말지라. 기회는 원래 영웅이 만드는 것이라 기회가 어찌 영웅을 만들리요. 만일 이렇게 생각지 않고 다만 나라 없는 것만 한하고 정부 없는 것만 한하여 우두커니 오독하니 눈물지며 한숨 쉬고 앉아서 낮과 밤으로 근심만 하기를 우리 정부가 없으니 누가 능히 국민으로 다 군사를 만들리요 하면 이는 약한 아이요, 용렬한 지아비라.

감히 묻노니, 그들의 근심하는 바는 과연 무엇이며, 그들의 걱정하는 바는 과연 무엇이뇨? 첫째는 응당 군사교육을 실행할 방책이 없는 것을 근심할 터이요, 둘째는 응당 군사교육을 실행할 땅이 없는 것을 한恨 할 터이나, 그러하나 오호라 이 천지가 아직도 광대한지라. 이 몸 하나를 어느 곳에 용납지 못하며 이 세월이 아직도 장원長遠 한지라. 우리 한 단체가 어느 때를 이용치 못하리요. 대저 사람의 일은 시세를 따라 하는 것이라. 만일, 오늘날 우리의 나라가 있고 정부가 있으면 참 마음대로 다하려니와 이미 나라도 없고 정부도 없는 바에는 응당 시세대로 할 것이라. 나는 감히 다시 묻노니 시방 우리는 나라도 없고 정부도 없으니 그러면 우리는 일반 국민으로 모두 군사 만드는 주의를 그만 못 할 것으로 버려두고 다시 실행하기를 생각지 아니하나뇨?

나는 일찍이 가정과 학교와 사회의 교육을 말하여 국민으로

다 군사되는 주의를 제출한 자라. 이제 당하여는 이 의논이 다 허무한 땅으로 돌아가고 도무지 실행할 수가 없게 되었으나, 그러하나 그윽히 생각건대 이 세 가지 가운데 그 하나는 과연 실행할 수가 없거니와 그 두 가지는 가히 실행할 수가 있으니, 그 한 가지는 무엇이뇨? 곧 학교요. 그 두 가지는 무엇이뇨? 곧 가정과 사회라.

학교는 원래 직접으로 정부의 감독을 받고 또한 직접으로 군대와 연락하여야 성공할 것이라. 시방 정부도 없고 군대도 없어 능히 실행할 수가 없으며 또한 법률상 관계가 있어 이것을 함부로 저항할 수 없으나 그러하나 저 가정과 사회 교육에 당하여는 이는 얼마침 법률에만 속한 것이 아니라. 만일 다른 방면으로 보면 이는 완전히 풍속에 속하였나니, 그런고로 법률의 구속은 우리가 가히 면할 수 없으나 그러하나 또 이 대신으로 우리 풍속의 세력은 법률 쓰는 자가 감히 막지 못하는 것이라.

사람의 자유는 법률이 능히 다 구속하나 오직 일 개인의 사상 자유는 빼앗지 못하나니 이는 사람마다 다 천연으로 가진 자유요, 또한 이것이 족히 가정과 사회의 풍속을 만드는 것이라. 대저 한 집안에 앉아 어린아이들과 고담古談을 이야기하는 것은 어느 순검이 능히 다 금지하며, 한 무리가 모여 운동으로 장난하는 것은 어느 군사가 다 막으리요. 만일 이것을 금지하고 막는

날에는 그 속박을 받는 사람의 창자 가운데 생기는 것이 있나니 이는 소위 자유심이요, 독립성이요, 또한 그 금하고 막는 사람과 영영히 함께 화(和)하지 않게 하는 약석(藥石)이라. 이 마음을 실지로 양하면 그 공효(功效)가 총과 칼을 숭상하는 것보다 더 크다 할진저.

만일 또 사회 교육도 구속을 받아 실행치 못한다 하면 아직도 가정교육은 가히 행할지라. 사람의 일평생 관계는 오직 어렸을 때 교육에 있나니 만일 어진 어머니와 엄한 아버지가 집에 있어 그 자녀를 옳은 방법으로 가르치고 무육의 정신을 넣어 주면 그 어찌 아름답지 않으리요.

말하여 이 지경에 이르니 이 글을 쓰는 자의 마음이 울분함을 이기지 못하여 붓을 던지고 책상을 치우는 것은 대개 당초에는 학교와 군대를 연락하여 국민으로 다 군사를 만들자 하다가 그것을 능히 할 수 없어 사회로 말을 돌리고, 사회로도 또 어찌할 수 없어 가정으로 돌리니 이렇게 하다가는 점점 좁아 들어가 필경에는 가정도 할 수 없으면 그만두자 함과 같음이라. 오호라! 우리가 과연 그만둠이 가하뇨? 오호 우리가 과연 멸망함이 가하뇨?

오늘날 만일 이것저것을 다 돌아보고 이것저것을 다 관계하다가는 필경에는 과연 가정교육도 실행치 못하고 말지니 이때를 당하여도 오히려 전일에 한번 원수와 다투지 못한 것이 후회가 될지라. 그런고로 내지﹝內地﹞에 있는 동포들은 응당 원수의 칼을 무릅쓰고 사회의 풍기를 떨치기를 시험하는 것이 가하거니와, 외국에 있는 사람들은 만일 자기의 몸을 나라에 바쳐 국민이 다 군사되는 주의를 실행치 않으면 이는 조선에 죄인이라. 대저 내지에 동포는 원수의 수하에 있어 빙자할 것이나 있거니와, 외국에 있는 사람들은 그 장차 무엇을 빙자하리요.

만일 의식이 없어 못한다 하면 이는 거짓말이요, 만일 자유가 없어 못한다 하면 이는 거짓말이오, 또한 만일 군기와 병서가 없어 못한다 하면 이것도 거짓말이오. 다만 마음이 없고, 욕심이 없고, 또 나라 망한 줄은 알아도 회복할 줄은 모르고, 나라를 사랑하는 마음은 있으되 그 마음을 쓰기를 싫어함이니 통이 언지하면 다 자포자기하는 쓰지 못할 버릇이오, 그중에 과연 없는 것은 정부와 군대가 없어 감독하고 연락할 곳이 없을 뿐이라. 외국에 있는 사람들이라도 오히려 다 용서할 수가 있으나, 그러하나 오직 북아메리카 대륙과 하와이 군도에 있는 조선 사람들은 더욱 그 책임이 있나니 이는 모든 정형이 다른 나라에 있는 사람보다 백배 천배나 낫고, 또한 자유를 숭상하는 나라의 동등으로 자유를 누리는 까닭이라.

아모커나 오늘부터라도 이미 의논한 바를 실행하기 위하여 우선 아메리카와 하와이 동포에게 특별히 고하며 또한 다른 나라에 있는 동포들에게 부탁하노니 오늘이 비록 위험하나 그러나 아직도 우리 각 사람으로 하여금 한 군인을 만들 기회는 있는 것이라. 정부가 비록 없으나 이것을 아니하지 못할 것이오, 학교가 비록 없으나 이것을 그만두지 못할 것이라.

그러므로 나는 다시 한번 시세와 정형을 따라 처음이오, 또 마지막으로 두어 가지 수단을 말하여 그 실행할 방편을 의논하건대,

첫째, 단체의 군사교육

시방 북아메리카와 하와이는 우리 동포가 각처에 거류지를 정하여 한 곳에 각각 수십 명으로 백여 명의 사람이 있은즉 만일 여기서 각각 군대에 형식을 조직하고 무예 숭상하는 풍기를 열어 일하거나 공부한 나머지 시간에 조련도 하고 사역도 시험하여 소대 조련으로 중대 조련까지만 가면 대개 군대의 활동하는 법을 알지라. 이렇게 시험하여 얼마 동안 세월만 허비하면 완연히 전일의 태도를 변하여 각각 다 군인의 기백이 들어갈지니 이 어찌 아름답지 않으리오.

그러하나 이것을 하자 하면 응당 먼저 각 거류지에서 자

치제도를 실행하여 법령을 만들어 가지고 그 법령을 실행하고 복종한 연후에 성공할지라. 이것이 비록 쉽지 않은 일이나, 그러하나 군대는 원래 위엄과 법령으로 성립되는 것이라.

만일 이것을 아니하면 질서가 문란하여 아이들의 장난으로 돌아가고 말지며, 또 자기들이 만든 법을 자기들이 복종치 않으면 이는 원래 법률에서 벗어나는 도적과 같을뿐더러 그런 백성에게는 다만 다른 사람이 한 손에 법을 만들어 가지고 한 손에 곤장을 들고 와서 억지로 그 법을 머리 위에 씌워야 비로소 복종하는 법이라.

오호라! 이제 세상에 문명한 백성들은 자기가 만들지 않은 법률 밑에 사는 것은 다만 스스로 부끄럽게 여길 뿐 아니라, 곧 죽기보다 더 싫어하나니, 만일 남이 와서 곤장을 가지고 법률을 쓰게 된 경우에야 어찌 독립할 만한 백성이라 하리요.

둘째, 개인의 군사교육

만일 단체로 군사교육을 베풀지 못할 경우에는 가히 개인이 각각 공부할지라. 청컨대 볼지어다. 군산에서 병서를 읽던 자는 육방옹陸放翁63)이 아닌가. 남양南陽에서 형익도荊益圖64)를 그린 자는 제갈량이 아닌가, 선비가 강개한 뜻을 머금고 자기의 한 조각 몸을 국가에 유조하게 쓰고자 하면 그 예비가 응당 쉽지 않을지라. 하물며 시방 시대는 전쟁의 술법이 이상하여 자기가 친히 수족으로 군인의 사역을 연습하고, 친히 정신으로 병학의 이치를 깨닫지 못하면 능히 천하에 나서서 군사상 일을 의논치 못하는바, 어찌 하루아침에 우연히 대장단에 오르게 되리오.

매일 한두 시간의 겨를을 빌어 손에 병서를 들고 벽상에 칼을 걸고 외로운 등불 아래 조용히 앉았으면 그 흥치가 응당 호기스럽고 쾌할뿐더러 만일 병학의 재미에 잦아들어 가면 자연 강개한 마음이 창자를 흔들어 나의 한 몸으로 하여금 구차히 살기를 생각지 않을 것이오, 또는 청천백일 하에 어찌 나의 원수와 함께 살리오 하는 마음이 동할지라. 이것을 가지고 저 초목과 같이 썩는 고린 선비와 무심한 졸장부와 비교하면 그 일평생 사업이 어떠하뇨.

단체의 군사교육은 보통을 주장하여 사람마다 다 군사상

---

63) 육방옹(陸放翁) : 중국 남송의 시인 육유(陸游)를 가리킨다. 자(字)는 무관(務觀). 호(號)는 방옹(放翁). 재기초월(才氣超越)하고 시(詩)에 능하였으며 평생 우국의 열정으로 가득한 시 일만 수를 남겼다.
64) 형익도(荊益圖) : 형주(荊州)와 익주(益州)의 지도를 가리킨다.

일에 서투르지 않기를 바라는 것이나, **개인의 군사교육은 특별한 것을 주장**하여 철중에 쟁쟁한 자65)를 얻기를 기약함이라. 오늘날이라도 원수와 칼날을 겨루는 경우에는 총을 메고 명령을 들을 군사는 모집하기가 용이하나, 그러하나 그 군사를 모은 후에 칼을 잡고 지휘할 장수를 얻기는 어려운 일이라. 나는 원컨대 차라리 단체의 군사교육은 흔히 보지 못할지라도 개인의 교육은 더욱 수효가 많기를 바라노라.

이같이 말하고 보니 의논이 또 좁아들어 의연히 아까 학교 교육으로 가정교육까지 내려온 것 같으나 이는 언론이 같지 않고 의미가 다른 것이라. 시방은 다시 단체교육과 개인 교육의 분별을 타파하고, 일반 동포에게 은근히 고하는 것은 다만 이전 무부들같이 부허(浮虛)한 기운을 숭상치 말고 마땅히 도저히 병학을 연구하여 실력을 양성함이라.

이전 동양 풍속은 흔히 장담이나 잘하고 객기나 부리고 숫기나 좋은 체 하면 다 무부라 하였으나, 오늘날 군인은 그것을 숭상치 않고 다만 그 학문과 지용(智勇)을 보는 것이라.

이 글을 쓰는 사람이 일찍이 친구를 대하여 말하고 또한 신문

---

65) 철중쟁쟁(鐵中錚錚) : '여러 쇠붙이 가운데서도 유난히 맑게 쟁그랑거리는 소리가 난다.'는 뜻으로, 같은 무리 가운데서도 가장 뛰어남. 또는 그런 사람을 이르는 말이다.

에도 한 번 논란한 바 있으나, 그러하나 항상 귀에 서툴게 들리고 마음에 답답한 것은 우리나라 사람이 흔히 일시의 고동되는 마음으로 객기가 동하여 말하기를 왜놈과 싸우는 날에는 나도 총 한 가지 메고 나간다 하며, 또한 왜놈이 한방 놓으면 나도 한방 놓고 고깃값을 하고 죽는다 하나 그러하나 첫째는 왜 왜놈과 싸우게 되기를 기다리기만 하고, 자기가 싸움을 만들기를 경영치 않으며, 둘째는 총을 메고 나가고자 하는 생각은 고마우나 그러하나 만일 참으로 나가고자 하면 응당 준비하는 것이 있을 것이어늘 준비는 한시도 하지 않고, 나가기만 한다는 것이 실없는 말이요, 셋째는 설령 총을 메고 나가는 지경이라도 그곳에 나온 사람은 다 전일에 실없는 말들 하던 사람이라. 일찍이 손으로는 "어깨 총", "세워 총"도 공부하지 못하였고, 발로는 "좌향 좌", "우향 우"도 연습하지 못한 군인일 터인즉 그때를 당하여는 군대는 어떻게 조직하고 군령은 누가 맡으리오. 비록 한두 사람이 있어 군사상 지식이 있다 하여도, 그 사람이 결단코 홀로 스스로 대대장 중대장 소대장의 일을 다 보지 못할 터인즉 만일 적병과 한번 싸우고자 하면 불가불 군대를 조직하기만 위하여 반년은 허비할지니 이는 소위 목마른 후에 비로소 우물을 파고자 함이요. 넷째는 사람마다 모두 쉬운 말로 일인日人과 고깃값을 하고 죽는다 하니, 대저 일인은 몇십 년을 연습한 노련한 상비병常備兵이요, 우리는 하루아침에 모인 오합지중이라. 노련한 군사가 결단코 오합지중으로 더불어 고깃값을 하여줄 이치도 없거니와 설사 하여준다 할지라도 우리 인구는 대개 이천만이요, 일인의 수효는 거의 육천만이니, 만일 우리가 다 고깃값만 하고 죽으면 일인은 아직 삼천여만 명이 있으니 조선은 응당 일인의 조선이 될 것이요. 설령 우리가 일인을 다섯씩만 죽여도 아직도 조선은 일인의 조선이라.

그런고로 만일 조선의 강산을 회복하고 일인의 섬 조각을 맛보고자 하면 응당 한 사람이 왜놈 여섯을 대적하기 전에는 되지 않을지라. 이같이 연구하고 보면 우리 몸이 얼마큼 값어치가 있는 것도 가히 알려니와 또한 우리가 얼마나 예비하여야 할 것을 알지로라.

오호라, 가정교육이여, 사회 교육이여.

오호라, 단체교육이여, 개인 교육이여.

말을 장차 그치고자 하니 수심스러운 구름이 다시 마음을 가리우도다. 아모커나 너의 신체를 말다리에 싸라 하는 것은 우리 아번네와 우리 할아번네의 오천 년 전하여 오던 조선 국혼이라. 조선 사나이의 성질을 가진 자 누가 감히 자기의 부모국을 위하여 몸을 드리지 않으리오. 만일 그렇지 않으면 황천이 응당 그 뜻을 금하실진저.

[부록] 영미양국의 아동군
英美兩國之兒童軍

　국민으로 하여금 다 군사 만드는 교육은 4년 전(1908년)부터 영미 양국에 실행하였으니, 이것은 비록 정부의 명령으로 성립한 바가 아니요 또한 정부의 관할을 직접으로 받지 않는 것이나 그러하나 문명한 나라는 원래 사회의 세력이 정부에 못지않은 고로 이는 사회에서 주선하여 또한 사회에서 유지하는 것이라. 우리가 이미 말한 바의 주의와 다름이 별로 없고 또한 실지로 먼저 행하는 자의 일하는 제도에 상고詳考66)할 것이 많은 고로 이에 그 긴요한 상녕을 늘어 이 책에 부치노라.

---

66) 상고(詳考) : 상세히 참고하거나 검토함.

1. 아동군을 조직한 취지

1) 영국 아동대의 취지

천고의 역사를 거슬러 한 나라의 흥망을 보건대 이집트와 그리스와 로마와 스페인과 튀르키예와 같은 큰 제국들이 마침내 슬픈 가을을 당한 것은 원인이 다 좋은 백성이 없어지고 활발한 애국심이 쇠잔하여진 까닭이라. 그 원인이 아직도 멀리 떠나지 않고 다시 오늘 세계에 다니며 일하나니 이는 우리로 하여금 마음과 눈에 한 경계를 주어 너무 병들기 전에 구원케 함이라.

스카우트 창시자 로버트 베이든 포우웰 경(출처:Elliot & Fry)

나는 시방(時方)67) 우리가 벌써 망하는 지경으로 빠져 들어가 아주 어찌할 수 없는 경우에 당하였다 함이 아니라 그러하나 우리가 거의 문명 정도에 극도에 올라와 다시 그 극도를 넘어 불구(不久)68)에 날려가는 길을 잡을까 근심함이라.

---

67) 시방(時方) : 말하는 바로 이때에.
68) 불구(不久) : 오래지 아니함.

한 나라에 좋은 백성을 만들어내고자 하면 마땅히 어린 아이들로부터 시작할지니 대저 아이들은 십자가 큰 거리에 나서 방향을 찾는 것과 같아 만일 동서로 향하지 않으면 남북으로 향하고 만일 좋은 길로 가지 않으면 곧 악한 길로 들어서는 두 가지뿐이라. 한 나라의 백성의 직업이 하나뿐이 아닌고로 혹 종교주의를 전력하야 인심이 도덕을 배양하고 혹 사회주의를 고동하야 인민의 고락을 평균히 하고져 하나 그러하나 나는 특별히 나의 주의와 계획을 인도하여 장차 강장한 국민을 만드는데 종사하노니 이는 아이들이요 이는 소년들이라.

나는 생각건대 아이들이 자기 몸에 스스로 좋지 않은 것을 하는 것은 자기 나라에 좋지 않은 것보다 더 악하다 하는 바이니 이는 오늘날 영국에 아동대를 조직하여 당시에 새 장막을 열고 장래에 좋은 국민을 요구함인저.

영국 육군대장 베이든 포우웰[69)

---

69) 로버트 베이든 포우웰(Robert Baden-Powell, 1857~1941) : 영국 런던 출신의 장교로 보이스카우트를 창설했다.

2) 미국 아동대의 취지

백 년 전에는 아메리카에 어느 아이든지 흔히 농장에서 생장하야 천연한 학식과 실지의 경력으로 말타기와 총쏘기와 얼음지치기와 달음질하기와 헤엄치기와 사냥하기를 배워 신체가 강건하고 또 집에서는 도덕의 교육을 받아 어른을 공경하며 부모에게 복종하며 또한 여러 가지 아름다운 덕이 있어 이 나라를 만들었더니, 일백 년이 겨

20세기 초반 스카우트 운동의 리더였던 어니스트 톰슨 시튼, 로버트 베이든 포우웰, 댄 베어드(왼쪽부터 차례로)
(출처: 미디어위키)

우 지난 후에 불행히 세상이 변천하고 풍속이 쇠잔하야 아이와 어른을 물론하고 다 한 가지 특별한 생애로만 종사하여 적은 재주를 숭상하고 다른 사물에는 눈을 감으니 이는 우리 국가 운명의 불행이라. 오늘날 아이들을 비교하여 보면 그 신체의 강약과 성질의 도덕이 그 비교가 어떠하뇨.

여러 가지 관계를 다 물론하고 다만 아이들의 교육이 국가 흥망의 대하여 어떠한 것을 보건대 옛적에 로마제국이 강성할 때에는 전국에 사람이 다 군사요. 다 무부(武夫)러니 그 망하던 날에

당하여는 오직 몇몇 사람 외에는 백만 명 인민이 하나도 군사를 알지 못하고 싸움을 알지 못하였으며 또 영웅호걸의 숭상하는 덕이 무너져 무예가 없어짐으로 마침내 로마제국은 망하는 땅에 떨어졌도다.

나는 아메리카를 보건대 아이와 소년들의 장난하는 바 공을 치고 달음질하는 것이 귀하지 않은 바 아니로다. 나는 그보다 더 유조하고 더 완전한 제도를 아이들에게 인도하고저 하여 이에 아동군을 조직하노니 벌써 이 뜻 아래 이름을 붙인 자가 십여만 명이라. 장차 전국의 아이들을 다 몰아 이 화로 안에서 만들어내기를 기약하노라.

미국 아동군 발기인 어네스트 톰슨 시튼[70)]

---

70) 어니스트 톰슨 시튼(Ernest Thompson Seton, 1860~1946) : 영국 더럼주 출신으로 캐나다와 미국에서 동물학자, 화가로 활동했고, 시튼 동물기의 저자다. 1906년 베이든 포우웰을 만나게 되었고, 베이든 포우웰이 보이스카우트를 창설하자 시튼은 1910년 Boy Scouts of America (BSA)를 창설, 위원회의 회장이 되었고 최초의(그리고 유일한) 수석 스카우트가 되었다.

2. 아동군의 조직

1) 아동군 총장

미국 아동군 각 군대의 가장 높은 어른

2) 아동군 지방총장

각처에 지방대를 조직하고 그 지방 안에 있는 각 군대를 검사하는 권리를 가진 자

3) 아동군 감독

한 지방 아동군을 관할하여 두 분대 이상을 거느린 자

4) 부관

아동군 감독을 도와주는 자

5) 아동군 목사

군대에 목사의 직분을 행하는 자

6) 분대장

아동군 감독이 스스로 뽑아 한 분대를 관할하되 한 분대는 아이 여섯이나 여덟으로 성립된 것이라. 만일 아동군대에 모든 일을 확실히 알아 아희들을 가르치지 못하는 자는 분대장이 되지 못함

7) 오장(五長)

아이들 중에서 분대장이 스스로 뽑아 자기를 돕게 하며 만일 자기가 유고할 때에는 오장이 분대를 관할함

8) 아동군의 사졸

나이는 10세 이상으로 18세까지 한하되 그중에 일등 이등 삼등으로 분별하여 조직함

   (1) 일등병은 아동대의 요구하는 바 무슨 것이든지 다 치루어 확실히 성공한 자

   (2) 이등병은 요구하는 바의 수군시험을 치른 자

   (3) 삼등병은 처음으로 아동군에 들어와 아무것도 알지 못하는 자. 만일 필요한 경우에는 나이 아홉 살만 되었어도 이 등급에 참여함을 허락함

9) 군법의회

아동군 감독과 두 분대장으로 성립된 것이오. 만일 분대가 하나만 성립된 경우에는 그 분대장과 오장으로 성립하나니 이는 상주는 것과 벌주는 것과 및 일체 군사를 의논함 그러하나 아동군 전체의 조직을 말하자면,

(1) 아군총장

(2) 군사의회 : 각 지방의 유명한 사람들과 아동군 감독과 각 단체(학교 청년회 주일학당 같은 것)의 대표자와 또 일반 인민 중에 특별히 아동교육에 유지한 자로 성립하여 지방위원을 권고하고 또 의회와 총장이 지방총장을 뽑아 일변으로는 의회의 서기사무를 보고 일변으로는 각 지방을 검사하는 직책을 맡아보게 함

(3) 지방위원들 : 한 저자[71]나 한 촌이나 그렇지 않으면 여러 촌락을 합하여 한 위원회를 조직하고 아동군 감독을 도와 군대의 발달할 일을 의논하며, 또 그 중에서 지방서기 한 사람을 뽑아 각양 문부(文簿)[72]를 간수하고 또 지방총장에게 보고함.

---

71) 저자 : 시장을 예스럽게 이르는 말.
72) 문부(文簿) : 나중에 자세하게 참고하거나 검토할 문서와 장부.

(4) 군단 : 세 분대 이상으로 성립

(5) 분대 : 여섯이나 여덟 아이로 성립

(6) 사졸 : 아홉이나 열두 살 이상으로 열여덟 살 이하 아이

3. 아동군 감독의 권한

아동군 감독은 아동군을 소모(召募)[73])하는 권리가 있으며 또한 그들을 지방위원에게 천거하여 그 공로와 상급을 받게 하며 또는 그 중에 잘못하는 자가 있으면 아동군대의 법률을 의지하여 그 상패와 훈장을 빼앗고 만일 중대한 사건에는 그 군대에서 이름까지 도려내는 권리가 있음.

그러하나 만일 그이의 판결이 공변되지 못하여 그 벌을 당한 자가 억울한 마음이 있는 경우에는 가히 그 사건을 지방위원에게 호소하여 거기서 판결하는 것으로 마지막 재판으로 알 일.

아동군의 행위가 부정하던지 혹 군대에서 도망하여 군기를 문란케 한 자는 군복과 군장을 몸에 착용하지 못하게 함.

---

73) 소모(召募) : 필요한 사람을 널리 모음.

아동군 감독은 어느 아이든지 다 가히 아동군으로 뽑되 만일 그 아이가 일찍이 어느 단체에 속하였으면 응당 그 단체의 주장하는 사람의 허락을 들어 군대에 이름을 부칠 일.

아동군 감독은 자기 군대의 분대장을 뽑는 권리가 있으되 이는 대개 일년을 한정하고 뽑는 것이라. 그러하나 그 동안 만일 그 분대장을 태거(汰去)74)하거나 교환하고저 하면 이것도 자기 마음대로 하고 또한 분대장을 오장이나 사졸로 다시 내려보내는 권리도 있음.

4. 아동군의 계명

무기를 숭상하는 자는 온 세계를 통하야 글로 쓰지 않은 천연한 법률이 있어 그 법률의 속박을 받는 것이 다른 법률에서 못하지 않으니 이는 상고시대부터 중고를 지나 오늘까지 내려오는 것이라.

그런고로 일본은 '부시도'(무사의 도라 함이니 일인이 말하기를 "히도와부시 하나와사구라"라 하는 것은 일본의 국혼이라 하니, 이는 花則櫻人則武士를 번역하여 "사람은 무

---

74) 태거(汰去) : 잘못이 있거나 필요하지 않은 관원을 가려내어 쫓아 버림.

사요, 꽃은 앵도라 이는 일본의 혼이라" 함이라)가 있고, 구라파에는 무사와 협객의 풍속이 있고, 그 외에 아메리카 토종과 인도국 토종에게 이러한 풍속이 상고부터 전하여 오는 것이 있는 바이라.

이 아래 기록한 법률은 곧 아메리카 아이들의 평생의 계명이니 이는 일본의 무사도도 아니오 구라파의 협객의 풍속도 아니요. 다만 한 글자로 말하기를

예비하라

함이니 이는 너희 마음을 예비하고 너의 몸을 예비하여 너의 한 평생의 직분을 다하라 함이라.

첫째, 마음으로 예비할 것은 너의 몸을 무슨 일에든지 쓰기를 예비하여 무슨 경우나 무슨 불행한 일이 앞에 당힐 것을 생각하여 또한 그런 경우를 당하여 그 당하는 그 시간에 어떻게 할 것을 알라 함이요.

둘째, 몸을 예비할 것은 너의 몸을 강건하게 하고 활발하게 하여 무슨 경우를 당하던지 그 당하는 그 시간에 능히 하고 싶은 것을 실행하리만치 예비하라 함이라.

5. 아동군의 법률

1) 아동군의 명예와 영광은 신실한 것으로 가장 아름답게 여김

만일 아동군이 말하기를 "이것은 나의 명예와 영광에 이러하다" 하면 이는 곧 내가 엄중한 맹서를 발함과 같이 나의 직분을 다하겠노라 함이라.

그와 같이 만일 아동군의 지휘관이 말하기를 "나는 네가 너의 명예와 영광을 위하여 나의 명령을 신실히 실행할 줄을 믿노라" 하면 그 아동군 된 아이는 응당 자기의 할 수 있는 대로 그 재능을 다하여 이것을 실행하고 아무 것도 거역함이 없게 할 일.

만일 아동군이 거짓말을 하거나 지휘관의 명령을 분명히 실행치 않으면 그는 명예와 영광을 부지하지 못하는 자이라. 마땅히 그 군장을 빼앗아 다시 차지 못하게 하며 또한 그 지경에서 더 심하면 곧 군대에서 용납하지 못할 일.

**2) 아동군은 합중국대통령과 아동군대의 지휘관들과 저희의 부모와 저희의 나라와 또 저희의 동무들에게 충성을

다하여 상당한 직분을 행할 것이요.

또는 누구든지 아동군의 원수 되는 자와 또 혹 아동군을 대하여 좋지 않은 말을 하는 자에게는 적으나 크나 물론하고 응당 굳세게 항거하여 어느 지경까지든지 자기의 군대를 보호하며 자기의 명예와 영광을 보전할 일.

3) 아동군의 직분은 무엇이든지 유조하고 효력이 있기를 힘쓰고 또한 남을 도와주기를 힘쓸 일.

아동군대에 속한 아이들은 비록 자기의 몸이 위태하고 자기의 뜻에 하기가 싫더라도 그 당한 일이 만일 자기의 직분이고 또한 남에게 유익한 일이면 마땅히 할 일이라.

만일 두 가지 일이 함께 만나 어느 것을 해야 할시 알지 못하는 경우에는 응당 스스로 물어 "어느 것이 나의 직분이뇨?" "어느 것이 다른 사람에게 유조하뇨?" 하여 이 두 가지에 합당한 일을 곧 행할 것이요.

또 사람의 생명을 구원하고 상한 사람을 구하여 주는 것은 아동군의 어느 때이든지 행할 직분이라. 아동군은 마땅히 어느 사람에게든지 날마다 좋은 일을 행하기를 예비할 일.

4) 아동군은 어느 단체와 어느 사회에 속한 것을 물론하고 어느 사람에게든지 다 친구가 되고 어느 동료에게든지 다 형제가 될 일.

만일 한 아동군대의 군사된 자 — 다른 동료를 만나거든 그 아이를 비록 일찍이 모르는 경우라도 마땅히 인사하기를 잊지 말고 또한 그 동료에게 무슨 말이든지 먼저 말하기를 붙여보며, 또 혹 그 동료가 무엇을 원하든지 요구하는 대로 시행하며, 결단코 귀하고 천하고 부유하고 가난한 것을 보아 업수히 여기지 말지며, 또 자기의 동료 외의 다른 사람을 만나거든 곧 그 사람을 일찍이 보고 싶고 찾아다니든 것 같이 반갑게 인사하며 그 사람에게 모든 것을 간곡히 대접할 일.

"킴(kim)"이라 하는 것은 힌두 사람의 쓰는 말이니 이는 "너는 온 세계의 친구"라 함이라. 아동군은 마땅히 자기를 위하여 이 이름을 자기 평생의 부르게 되기를 힘쓸지니라.

5) 아동군은 예절을 숭상

무릇 아동군대에 속한 자는 마땅히 어느 사람에게든지 공손하고 예모(禮貌)75) 있게 할 것이로되 특별히 부인들과 어린 아이들과 늙은이와 장애인과 한미한 사람에게 더욱 정답고 공손하게 할지며 결단코 그런 이들을 도와준 공로로 무슨 상급을 받지 말지니라.

6) 아동군은 짐승들에게 좋은 친구가 될 일

무슨 짐승이든지 위험한 지경을 당한 것을 구하여 주며 또한 필요한 일이 아니거든 비록 파리 한 마리라도 죽이지 말지니 이는 하나님이 창조하신 물건 중에 하나라. 그러하나 사람의 음식을 위하여 이것을 죽이는 것은 떳떳한 일.

7) 아동군은 저희들의 부모와 저희들의 지휘관과 또한 상당한 관원의 명령을 두말 말고 복종할 일

비록 나의 마음에 합당치 않은 명령을 받았을지라도 복종하기를 군대에 병정과 배의 사공과 같이 하여 아무 말도 말고 다만 그 명령대로 행할 따름이니, 이는 자기의 직분이요 자기의 책임은 없는 것이라. 만일 그 명령을 행하다가 방해되는 일이 있으면 가히 다시 와서 물어 또 그 명령한 대로 행함이니 이는 소위 군대에서 쓰는 말에 훈련이라 함이라.

---

75) 예모(禮貌) : 예절에 맞는 몸가짐

8) 아동군은 마땅히 얼굴을 화평하게 가질 일

무슨 경우를 당하고 무슨 명령을 받든지 마땅히 얼굴을 화평히 하여 가지고 좋은 빛으로 그 명령을 행할 것이요. 결단코 이마를 찡그리고 얼굴을 보기 싫게 만들어 목매 끄는 송아지와 같이 말지며 또한 어려운 사역을 하는 경우에라도 그 함께 일하는 사람과 골을 내여 욕을 하지 못할지니라.

아동군은 항상 웃는 얼굴을 남에게 주는 것이 가하니 이는 나도 기쁘고 남도 기쁘게 하는 것이라. 특별히 위험한 지경을 당하여 능히 평화의 얼굴을 가지면 이것이 과연 사나이요 장부라 할진저.

9) 아동군대의 형벌

아름답지 못한 말을 쓰고 욕설을 하는 자의 형벌은 냉수 한 바가지를 그 소매에 부어주어 그 죄를 다스리나니 이는 삼백년 전에 영국 장수 스미스76)가 쓰던 법이라.

---

76) 존 스미스(John Smith, 1580~1631) : 영국의 군인 및 작가로 현재 미국 버지이나주 제임스타운을 건설했다..

10) 아동군은 마땅히 돈을 모아야 할 일

어느 아이든지 만일 1전, 2전이라도 있으면 마땅히 은행에 두어 일후에 궁할 때에 쓰게 할지며 결단코 남에게 근심을 끼치지 않게 할 것이요. 또한 다른 사람이 어려운 지경을 당하여 돈을 요구하는 경우에는 이것을 가히 그 사람에게 보조하여 줄 것이라.

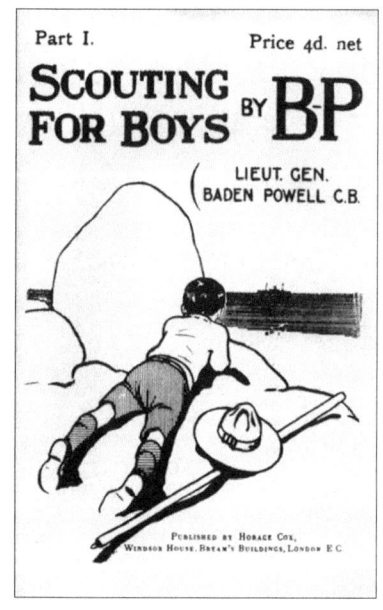

1908년 1월 베이든 포우웰이 직접 그리고 써서 영국에서 출판한 『소년을 위한 스카우트』. (출처: 미디어위키)

6. 아동군의 교육과 교과

1) 아동군의 일반 관계

아동군의 조직

군대의 법률

조련과 훈련

군제와 군장

군대의 암호

2) 야외연습

장막 치는 법

풀막 치는 법

풀로 자리 짜는 법

불 피우는 법

지형을 측량하는 법

사람의 수효를 어림잡는 법

헤엄치는 법

길 찾는 법

3) 관찰하고 기억하는 수업

원근의 지형과 정형을 관찰하는 법

산천의 안표眼標[77]

발자국 쫓는 법

암호와 발자국으로 자기의 군대를 따름

안력을 배양

4) 들과 산림에 다니는 수업

초목과 금수의 공부와 또 그들의 성질

별을 보고 방위를 찾는 법

---

77) 안표(眼標) : 나중에 보아도 알 수 있게 표하는 일, 또는 그 표시.

5) 무기와 의협심

이전 의사義士 협객의 사적과 행위

자기 욕심만 채우지 않는 것

용맹

직분78)

자선사업

흥왕興旺과 발달

충성과 효도

여인에게 의협심

좋은 일에 복종

화평한 태도

스스로 개량하는 마음과 평생의 경력

6) 생명을 구제하는 것

불과 물과 짐승과 불의의 일에서 생명을 구하는 법

---

78) 직분(職分) : 마땅히 해야 할 본분

상하고 죽게 된 사람을 급히 구하는 법

총과 칼에 상한 자를 치료하는 법

7) 몸을 건사하는 수업

위생과 건강

육신의 운동

음식을 절제

의복을 정결

욕심을 제어

엄숙한 태도

8) 애국심

본국지지本國地誌[79]

본국역사

국가의 이전 영광

---

[79] 자기 국적이 있는 나라의 지역적 성격 및 자연·인문 현상을 공부하는 과목

조상부터 전한 말

해군, 육군의 군기

백성의 직분

총 잘 놓는 법

경찰 관리를 도움

베이든 포우엘이 그린 삽화. 매사에 예비하라는
메시지가 담겨 있는 듯 하다. (출처: 미디어위키)

7. 아동군에 들어오고 또 승차하는 시험

1) 삼등병의 군대에 들어오는 시험

① 마땅히 아동군의 법률과 암호와 경례를 알아야 할 일

② 마땅히 국기의 의미를 투철히 알고 또한 이것을 어떻게 들고 어떻게 대접할 줄을 알아야 할 일

③ 마땅히 노끈을 가지고 매듭을 맺되 도래매듭이나 반도래매듭이나 안경매듭이나 여러 가지 중에 네 가지를 알아야 할 일

④ 그 다음에는 비로소 아동군에 들어오는 맹서를 엄숙히 하고 또한 이름을 기록한 후에 군복을 입고 군장을 차게 함

2) 이등병의 승차하는 시험

① 아무리 적더라도 한 달 동안은 삼등병으로 있던 자라야 이등병으로 승차80)함

② 칼과 총의 상한 사람을 급히 구제하고 쳐매어 주는 법을 대강 알아야 할 일

---

80) 승차(陞差) : 한 관청 안에서 윗자리의 벼슬로 오름.

③ 군대의 암호를 주고받을 줄 알아야 할 일

④ 25분 동안에 반 마일(1리 반 가량)을 왕반往返81)하거나 그렇지 않으면 저자에 나가 네 집 상점을 각각 1분 동안씩 구경하고 그중에 한 상점에 각종 물건을 벌여 놓은 것을 분명히 설명하기를 요구함

⑤ 12분 동안에 한 마일(3리 가량)을 달아나기를 요구함

⑥ 성냥 두 개 이상을 허비치 말고 밥 지어 먹을 불을 피울 일

⑦ 의례히 쓰는 그릇을 가지지 말고 다만 완전치 못한 제구諸具82)를 가지고 감자 두 개와 고기 반 근으로 무슨 음식을 만들기를 요구함

⑧ 아무리 적어도 돈 25전은 은행에 저축하기를 요구함

⑨ 손에 윤도輪圖83)를 들고 여덟이나 열여섯 방위를 능히 알아야 할 일

---

81) 왕반(往返) : 갔다가 돌아옴.
82) 제구(諸具) : 여러 가지의 기구.
83) 윤도(輪圖) : 방위(方位)를 재는 데에 쓰는 기구의 하나. 가운데에 지남침이 꽂혀 있으며, 가장자리에 24방위로 나눈 원이 그려져 있음. 나침반을 의미함.

3) 일등병의 시험

① 육지의 거리로 150보 가량 되는 물을 헤엄쳐서 건너갈 일(만일 그 아이가 몸이 성치 못하여 물에 들어가는 것을 의원이 금하거든 그 대신에 8분 동안에 한 마일을 달아나라 하고 또 그렇지 않으면 다르게 변통하여 시험할 일)

② 마땅히 돈 50전은 은행에 있어야 할 일

③ 군대의 암호를 받고 주되 1분 동안에 능히 16글자를 쓰기를 요구

④ 배를 타고 가든지 발로 걸어가든지 홀로 능히 25리 되는 땅을 왕반하기를 요구하여, 만일 말이나 차를 타고 가거든 15마일 거리에서 응당 지나는 길의 산천과 수목의 긴요한 물건을 종이에 그리기를 요구

⑤ 사람의 죽을 지경을 구원하는 법을 붓으로 쓰되 이 아래 기록한 바에서 그 시험받는 선생이 제비로 뽑아 주어 2가지만 설명할 일

> 불에 상한 자, 물에 빠진 자, 말에서 떨어진 자, 가스에 취한 자를 어떻게 구원하며, 또 얼음 깨치는 법, 상한 사람 처매주는 법 같은 것

⑥ 이 아래 말한 가운데 두 가지 음식을 만들기를 요구함

죽 쑤는 것, 제육 지지는 것, 국 끓이는 것, 토끼 가죽을 벗기고 또 먹게 만들 것, 새털을 뜯고 먹게 만들 것, 밀가루를 가지고 수제비를 뜨고 또한 떡을 만들 일

⑦ 지도 하나를 자세히 본 후에 그것을 아무렇게나 다시 하나 그리고, 그 지도의 방위를 알도록 만들 일

⑧ 도채84)를 가지고 기둥이나 서까래를 하나 깎거나 그렇지 않으면 쇠를 가지고 호미나 괭이를 하나 만들 일

⑨ 지형의 거리와 높이와 물건의 체량과 수효를 예사로 보고 판단하되 그 본 지형 본 물건에서 4분지 1 이상이 틀리지 않기를 요구

⑩ 자기의 손으로 가르친 삼등병 하나를 불러 그 삼등병이 과연 확실한 교육을 받았는지 시험할 일

---

84) 도채 : '도끼'의 경기 방언.

8. 아동군의 맹서

무릇 어느 아이든지 아동군대에 들어가는 자는 손을 들고 이 아래 맹서를 엄숙히 말함.

"나는 나의 명예와 영광으로 내가 장차 나의 할 수 있는 대로 모든 일을 하기로 맹서하고 또한 언약하노니

첫째는 나의 하나님과 나의 나라에 대하야 나의 직분을 다할 일

둘째는 나의 육신 외의 모든 사람을 항상 도울 일

셋째는 아동군의 법률과 명령을 복종하겠노라."

원문본

『국민개병설』

국민개병셜 ᄌᆞ셔

국민으로 ᄒᆞ여곰 다 군ᄉᆞ를 만들쥬의는 원릐 닐곱히젼에 일본에 류학ᄒᆞ논 쳥국학싱의 언론을의지ᄒᆞ야 의견이 싱긴것이라 그러ᄒᆞ나 그동안 겨를을 엇지못ᄒᆞ야 글ᄉᆞᄌᆞ를 만들디 못ᄒᆞ엿다가 삼년 젼에 비로소 글을만든후에 ᄯᅩ 긔회를 엇디못ᄒᆞ야 이것을 누구에게 말도ᄒᆞ디못ᄒᆞ고 ᄯᅩᄒᆞᆫ 어듸셔츌판ᄒᆞ기도 의론티못ᄒᆞ엿더니 이제 몃〃 친고의 권홈을인ᄒᆞ야 이것을 휴지ᄉᆞ속에서 차져나 ㅣ여 활판에부치니 이것이 혹 유조ᄒᆞᆫ곳 잇슬눈지 몰으거니와 과연 방ᄒᆡ될것이 업눈줄은 밋노라

그러ᄒᆞ나 이글을 원릐 국문과 한문으로써셔보믹 그 문의와 문쟝이 죡히 볼만ᄒᆞ더니 이졔 온젼히 국문으로 번역ᄒᆞ야노ᄒᆞ믹 얼마침 그 졍신을일코 굉치를 김ᄒᆞ엿슬ᄲᅮᆫ더러 ᄯᅩᄒᆞᆫ 넑고보기에 밀이 슌ᄒᆞ디 못ᄒᆞ게되엿스니 이는 이것을 한문국문에서 번역혼재둛이라 나는 이에듸ᄒᆞ야 얼마침 유감이 잇거니와 일변싱각건듸 므슨 글이던지 우리 됴션말과 됴션글로 쓰논것은 ᄯᅩᄒᆞᆫ 당시와 쟝릭의 큰 리익이라 고로 나는 한문이 셰력을 일허발이고 됴션말이 그 자리를 차지혼것을 깃버ᄒᆞ노라

건국긔원 四千二百四十四년ᄉᆞ월초팔일 박용만

셔

쇼ㅣ 쑐이잇고 호랑이 발톱 잇슴은 모다 그 몸을 보호ᄒᆞᄂᆞᆫ디 뎍용ᄒᆞ며 남을 방어ᄒᆞᄂᆞᆫ디 뎍용ᄒᆞᄂᆞᆫ 긔계가 되거든 하믈며 사롭이며 하믈며 국가인가 인류가 인류된 이샹과 국가가 국가된 이샹에ᄂᆞᆫ 군ᄉᆞ가 업지못ᄒᆞᆯ지니 군ᄉᆞ 업ᄂᆞᆫ 나라ᄂᆞᆫ 완젼ᄒᆞᆫ 국가ㅣ라ᄒᆞᆯ 수 업스며 군ᄉᆞ될 의무가 업ᄂᆞᆫ 빅셩은 완젼ᄒᆞᆫ 국민이라ᄒᆞᆯ수 업도다 오회라 우리의 동지 박용만 군은 일죽히 졍티학을 젼문ᄒᆞᆯ ᄲᅮᆫ안이라 병학에도 ᄯᅳᆺ을 셰운바잇셔 이에국민으로 ᄒᆞ야금 다 군ᄉᆞ만들쟈ᄂᆞᆫ 쥬의를 가지고 이칙을 뎌슐ᄒᆞ얏스니 이칙이 비록 간단ᄒᆞ나 한번 닑ᄂᆞ자ㅣ 응당 ᄯᅳᆺ을곳치ᄒᆞᆯ지며 이로부터 우리민족의 무육졍신이 한번크게 닐허날줄을 긔약ᄒᆞ노라

건국긔원 四千二百四十四년四月十日
신프란씨스코에셔 최졍익 은 셔홈

국민개병셜 [國民皆兵說]

朴容萬 著述

군亽를 양홀 일은 국민의 빗진것이요 나라를 방비ᄒᆞᄂᆞᆫ것은 국민의 의무ㅣ니 오늘날 젼징은 국민젼례의 젼징이요 한됴명이나 한님군의 젼징이 안이라 그런고로 그 익임엔 국민이 그 리를 눌이고 그 피홈엔 국민이 그 화를밧고 결단코 국민이외에 달은 물건이잇셔 그 슈싱과 화복을 디신ᄒᆞ야 맛디안ᄂᆞᆫ바ㅣ라 그런즉 오늘 텬하에 국민이되뎌 그 리와 그 화를 자긔가 친히밧으며 갈오디 이 일이 나의 척임이 안이라ᄒᆞ면 그말이 가ᄒᆞ뇨 부ᄒᆞ뇨

누ㅣ 젼징이나 살샹을 됴하ᄒᆞ며 누ㅣ 평화를 슬혀홀이요 만은 뎌 사룸마다 나라마다 차랄히 직물을 업시ᄒᆞ여가며 힘을다ᄒᆞ여가며 날노 군비확댱ᄒᆞ기로 일을솜ᄂᆞᆫ것은 무슨연고ㅣ뇨 아하 나ㅣ 알앗노니 대뎌 닷토ᄂᆞᆫ것은 불평으로좃차 싱기ᄂᆞᆫ것이요 불평홈은 강약을 말미옴아 닐어나ᄂᆞᆫ것이라 약흔쟈ㅣ 잇슨즉 강흔쟈ㅣ 침로ᄒᆞ기를 싱각ᄒᆞ고 그침로ᄒᆞᄂᆞᆫ 날에는 곳힘으로 ᄡᅥᄒᆞᄂᆞ니 만일 온텬하로ᄒᆞ여금 다 힘이강ᄒᆞ야 다토ᄂᆞᆫ것도 셔로업고 침로홈도 셔로 업스면 가히 갈오디 화평ᄒᆞ다 ᄒᆞ려니와 이는 원리 하놀과 짜이열니고 사룸과 동물이 싱긴후에 소위 싱존경징이라ᄂᆞᆫ것을 말미암아 가히피ᄒᆞ지못홀 일이라 이런고로 싸홈을 두려워ᄒᆞᄂᆞ쟈는 맛츰니젼징의 화를밧고 쥭ᄂᆞᆫ것을 둘여워ᄒᆞᄂᆞ쟈는 달은사룸이

죽음으로 협박ᄒᆞ니 대뎌 싸홈의 결과는 죽는것뿐이라 그런즉 나ㅣ 감히뭇노니 싸호디 안으면 가히죽디 안킷ᄂᆞ뇨 이졔 두사름이 여긔잇셔 훈쯰밥을먹을셰 먹을사름은 둘이요 먹을물건은 하나ㅣ라 만일이것을 가지면 살고 가지디못ᄒᆞ면 죽을경우를 당ᄒᆞ야 그둥 한사름이 그달은사름달여 말ᄒᆞ기를 너ㅣ만일 나의밥을 다토면나ㅣ너를 쟝차살녀두디 안흘이라ᄒᆞ면 그 사름이 가히죽는 것을 둘여워ᄒᆞ야 다토디안코 말겟ᄂᆞ뇨 만일 다토디안ᄒᆞ면 쏘흔 죽을뿐이라 오호ㅣ라 싸은더넓힐수업고 사름은 날로번셩ᄒᆞ미 만일나ㅣ사름을 침로치안ᄒᆞ면 사름이 곳 나를 침로홀지라 이런고로 형셰가 넉넉ᄒᆞ쟈는 익이고 형셰가 부죡ᄒᆞ쟈는 피ᄒᆞ야 오죽강ᄒᆞ쟈 싱존ᄒᆞ니 대뎌 달은사름의 강ᄒᆞᆫ것을 ᄒᆞᆫ갓두려워ᄒᆞ고 자긔의 강홈을바라디 안ᄒᆞ면 그것이 미련ᄒᆞ뇨 디혜쓰러우뇨

나ㅣ들으니 텬하를 다슬이는쟈는 그 슝샹ᄒᆞ는것이 잇다ᄒᆞ니 오ᄂᆞᆯ텬하의 소위 국시[國是]라ᄒᆞ는것이라 이졔로브터 지나간빅년동안을 거슬녀보면 당시에 농업으로 나라를 셰운쟈ㅣ오ᄂᆞᆯ날다변ᄒᆞ야 샹업으로 죵ᄉᆞᄒᆞ니 그런즉 오ᄂᆞᆯ샹업경징ᄒᆞ는 시디에셔 달은사름들은 압흐로가고 나는뒤에 쩔어지면 아춤 히가 다 쓰디 못ᄒᆞ야 나는발셔 사름에게 먹힌바ㅣ될지라 대뎌 농업은 원리 보젼ᄒᆞ야 딕희는것뿐이요 샹업은 나아가며 취ᄒᆞ는것인고로 이것을 ᄒᆞ쟈면 오죽위염과 셰력을 슝샹ᄒᆞ니 위염과 셰력은 나라를 흥ᄒᆞ게ᄒᆞ는디 첫지ㅅ걸음이요 나라를보호ᄒᆞ는디 마즈막슐법이니이것을 밧고아말ᄒᆞ면 다만히군륙군의 셰력이 쟝쟝홀뿐이라 이런고

로오놀날국가는 국민으로 ᄒ여금 다 군시되는 쥬의를 힝티안ᄒ면 반ᄃ시셰계샹에나셔 싱존경징을 도모ᄒ기 능티못ᄒ고 쏘ᄒ이에셔더심ᄒ면 다만ᄌ긔 나라로ᄒ여금 디도우헤 한 명ᄉ밧게남기지못홀진뎌

국민이 다 군ᄉ되는 교육은 녯적에 희랍국 스파타에셔 힝ᄒ엿스나 시방은 셰계렬강이 다 스파타국이라 대뎌 우리가 이경징ᄒ는 계셰에셔셔 우리가 사룸을 침로티안ᄒ면 사룸이 쟝ᄎ 우리를 침로홀지라 대개 형예간에 서로다토면 그부모ㅣ 능히 심판ᄒ여주고 빅셩이 서로다토면 그국법이 능히 심판ᄒ여주되 만일 나라와 나라가 서로다토면 세계즁에 원리누가 가쟝 놉흔 권리잡아 이것을 지판ᄒ여줄 사룸이 업슨즉 이씨를 당ᄒ야는 오즉 강ᄒ권셰뿐이라

그러ᄒ나 이는 다만 형식샹으로 말ᄒ것이요 만일 경신뎍으로 말ᄒ쟈면 므릇 샤회샹 일례조직을 맛당히 군ᄉ뎍 법률로 비포ᄒ고 경티샹 모든긔관을 맛당히 군ᄉ뎍경신으로 셜립ᄒ며 샤회의경신과 풍쇽과 밋 습관을 맛당히 군인의경신으로 부어주어 밧그로군인의 형톄는 나라가 의지ᄒ야 평안ᄒ고 안흐로 군인의경신은 국민이 의지ᄒ야 활동홀지니 이는 나라의 셩립ᄒ는바ㅣ요 빅셩의 싱존ᄒ는바ㅣ라 가령 텬하에 강ᄒ원슈도업고 니란도업스면 소위 군인갓흔것은 소용이 업거니와 텬하에 태평ᄒᆫ봄은 돌아가기쉽고 ᄉ방에 한가지일도 업슴은 긔약ᄒ기 어려운지라 만일 군인의 경신이 나라에 업스면 나라ㅣ 엇지 셩립ᄒ리요 군인이여 군인이여

하나요 둘이안히로다

그런즉 이졔 군인의교육을 대강말ᄒᆞ건대 녯적에 나파륜이갈오디 싸홈을 ᄒᆞᄂᆞᆫ디는 형용잇고 형용업ᄂᆞᆫ 두가지 긴요ᄒᆞᆫ것이잇다ᄒᆞ니 과연그러토다 영웅의말이여 대뎌 형용잇ᄂᆞᆫ것은 각죵병긔를 가르침이라 그러ᄒᆞ나 셩텹이 놉디안흔바ㅣ안히요 ᄒᆡ자가 깁디안흔바ㅣ안히요 총과칼이 경ᄒᆞ고 리ᄒᆞ디 안흔바ㅣ안히로되 이것을 다 쓰디못ᄒᆞᆯ경우에는 곳 형용업ᄂᆞᆫ것을 요구ᄒᆞᄂᆞ니 형용업고 긴요ᄒᆞᆫ 것은 무엇이뇨 곳 군인의졍신이라 이에 군인의졍신을 들어 말ᄒᆞ노라

그 첫지는 ᄋᆡ국심,,,은 곳 몸을사랑ᄒᆞ고 집을사랑ᄒᆞᄂᆞᆫ 마음을 큰 글ᄌᆞ로 쓴것이라 그런고로 몸을사랑ᄒᆞ고 집을 사랑홈은 곳 나라사랑ᄒᆞᄂᆞᆫ마음의 첫지근원이요 문명과 야만의구별과 녜와 이졔의 달은것은 믈론ᄒᆞ고 한 뎐연뎍 ᄉᆞ샹이라 그러ᄒᆞ나 ᄋᆡ국심의 만코젹은것은 오죽 그 국민의쟝등에 빈〃혁〃ᄒᆞᆫ 력ᄉᆞ의 잇고 업ᄂᆞᆫ디잇스니 이는 그나라빅셩이되여 뎌러틋ᄒᆞᆫ 력ᄉᆞ가 마음과눈 가온디잇스면 이것을:감히 몽미즁에도 니져바리디못ᄒᆞᄂᆞᆫ 연고ㅣ라 오호ㅣ라 찢은잉도요 사룸은 무ᄉᆞㅣ라 일본의 한 싸ᄉᆞ뎡이가 오눌ᄭᅡ지 삼쳔년이라ᄒᆞ니 이는 일본의혼이안히뇨 "너의조샹을싱각ᄒᆞ며 너의부모국을 사랑ᄒᆞ라 너의사랑ᄒᆞ는 어머니가 이짜에잇셔 너를길으고 너의엄ᄒᆞᆫ 아바지가 이짜에잇셔 너를 갈으친다"ᄒᆞ니 이는 덕국의ᄋᆡ국가가안히뇨 이는 그만두고 다시 이탈리의나라를 다시세움과 희랍국의독립을 회복ᄒᆞᆫ것을보면 다 그국민의골

과 챵ᄌᆞ가온ᄃᆡ 취ᄒᆞ여도 감히닛디못ᄒᆞ고 자면셔도 감히닛디못ᄒᆞ
ᄂᆞᆫ 력ᄉᆞ샹영광의 영향이요 ᄯᅩ 오놀날 듕국과인도국의 놀마다 쳔
리씩나가ᄂᆞᆫ 이국심도 그좃차오ᄂᆞᆫ곳이 반ᄃᆞ시 잇슬던뎌 쳥컨디못
노니 우리됴션국 수쳔여년 단군긔ᄌᆞ의 씨친 빅셩들은,,,,

나ㅣ들으니 국가ㅣ라ᄒᆞᄂᆞᆫ것은 싱긔잇ᄂᆞᆫ 조직톄ㅣ라 골격이 이믜
셩립ᄒᆞ고 혈육이 이믜 갓초엇스미 만일 여긔 혼이업스면 무엇을
취ᄒᆞ리요 대개 나라의 혼이라ᄒᆞᄂᆞᆫ것은 국민이 이국졍신의더운피
로 잉틱ᄒᆞ야 이ᄀᆞ치 한 묘호믈건을 탄싱홈이니 그 힘과 그 공은
능히 국민샹하의 온 샤회를들어 한 도간이 한 모루쇠우헤부어두
돌여 ᄂᆡ여 크고 적은것을 믈론ᄒᆞ고 다 죽고 살기를 니져발이ᄂᆞᆫ
한 렬ᄉᆞ를 만드ᄂᆞᆫ것이라 그런고로 나라의혼이업스면 군인이어듸
잇스며 군인이업스면 나라의 혼이 어듸잇스리요 그런즉 혹 엇던
사름이 갈오듸 군인은 맛당히 이혼을 가질것이로듸 국민은 가히
이것이업셔도 큰 관계기 업다ᄒᆞ면 그말이 가히 되갯ᄂᆞ뇨 안되갯
ᄂᆞ뇨 대뎌 나라는 누가딕히ᄂᆞ뇨 딕히ᄂᆞᆫ쟈는 곳 군인이요 나라는
누가 가졋ᄂᆞ뇨 가진쟈는 곳 국민이라 이럼으로 군인과 국민은바
늘과 실과ᄀᆞᆺ하 가히 서로ᄯᅥ나디 못ᄒᆞ리로다

그 둘직는 공덕심,, 군듸라ᄒᆞᄂᆞᆫ것은 공변된 마음과 죠직톄라 죽
으면 훔ᄭᅴ죽고 살면 훔ᄭᅴ살며 ᄯᅩ 군인의 아름다운덕은 다만ᄌᆞ긔
일신을 발이어 젼톄를위홈으로 가장 아름답게 녁이ᄂᆞᆫ고로"너희
무리가 죽기로써 동포를 보호ᄒᆞ겟ᄂᆞ뇨"ᄒᆞᄂᆞᆫ문폐는 곳 군인의 종
교ㅣ요 잠언이라 시험ᄒᆞ야 뭇건듸 그듸는 몸쇼 군인이되여 뎍병

을디ᄒᆞ야 서로싸홀찌에 탄환이 귀를엄습ᄒᆞ고 연긔가 눈을갈이어 한번죽고 한번살기를 쌈쌱홀동안에 늬기ᄒᆞᄂᆞᆫ경우에당ᄒᆞ면 그ᄃᆡ는 감히 홀로살기를 도모ᄒᆞ야 몰니 달아나기를 쇠ᄒᆞ겟ᄂᆞ뇨 만일 그러티안ᄒᆞ면 이가치 밍렬히 싸호다가 혹 우리형셰가 쓸녀젼군이 뒤로물러갈찌에 혹 일쇼ᄃᆡ나 일즁ᄃᆡ의군ᄉᆞ가 홀로ᄉᆞᄃᆡ에ᄲᅡ져 나가지도못ᄒᆞ고 들어가지도 못ᄒᆞᄂᆞᆫ것을보면 그ᄃᆡ는 이것을구원티안코 감히 홀로 달아나겟ᄂᆞ뇨 이는 감히 못홀ᄲᅮᆫ만안히라 ᄯᅩᄒᆞᆫ 참아못홀일이니 그러ᄒᆞᆫ즉 군인이라ᄒᆞᄂᆞᆫ것은 죽어도 공덕으로 죽고 살아도 공덕으로살아 크게 밀우어보면 젼국이 그덕을 힘닙고 적게 밀우어보면 개인이 그덕을 의지ᄒᆞᄂᆞᆫ바ㅣ라 그런고로 공덕이라 ᄒᆞᄂᆞᆫ것은 그 명ᄒᆞᆫ뜻으로말ᄒᆞ면 곳 일개인이 큰 단톄에디ᄒᆞ야 차랄히 ᄌᆞ긔일신을 일흘지언뎡 그 젼톄를 보젼ᄒᆞ야 평안케 ᄒᆞᄂᆞᆫ 큰 의ㅣ라홀딘뎌

그 셋ᄌᆡ는 명예심,, 녯젹에 엇던쟝수ㅣ말ᄒᆞ되 "나의부모국을 방어ᄒᆞ기로 칙임을숨고 하로아츰에 긔운차고 담대ᄒᆞᆫ군ᄉᆞ들로 군긔 알에서셔 한번죽어 나라은혜를갑기로 홈ᄭᅴ밍셔ᄒᆞ면 비록 하놀과 ᄯᅡ이 문허지고 산과바다가 뒤놉더라도 한걸음을 물너가디안코 다만 나의 셔잇ᄂᆞᆫ곳으로ᄒᆞ여곰 나의죽을곳과 나의무덤으로 아는 것이 곳 군인의명예ㅣ라"ᄒᆞ고 ᄯᅩ 한사롬이 갈오되 "명예ㅣ라 ᄒᆞᄂᆞᆫ것은 큰 ᄉᆞ업을 일우ᄂᆞᆫ긔관이요 ᄯᅩ 군인싱활의 졍신이라 이로써ᄒᆞ야 무셔운것도업고 원망ᄒᆞᄂᆞᆫ것도 업고 거즛도업고 교만흠도 업고 오즉 직분과 한번 죽을졍신이라"ᄒᆞ니 오호ㅣ라 나라를보호

호는 큰 소임을맛고 방피와 셩갓다는 큰 명예를어드면 녯사룸의 닐은바 죽는것이 영광이요 사는것이욕이라 누ㅣ과연 이영광을져 발여 빅골을 젼당에들어나ㅣ고 더운피를 변방에쑬이고져 안히호 리요 그런고로 명예심이라 호는것은 형용업는 군률이라 가히 악 혼것도 경계호며 가히착혼것도 쟝려호ᄂ니 군인이요 명예심이만 흐면 곳 그나라의 위엄을더홈이라 원컨ᄃㅣ 우리국민도 군인의 명 예심이 풍부ᄒ기를 발아거니와 오죽 명예심의방한과 범위를알아 이것을 조긔동관이나 본국사룸에게ᄃㅣᄒ야 쓰디말고 외국과 뎍병 에게ᄃㅣᄒ야 크게 쓸던뎌

쏘명예ㅣ라ᄒ는것은 샤회의 형벌이요 샹급이라 정부의 형벌과샹 급은 혹 한 사룸의 사″의견으로 나오는고로 그불공혼 경우에는 가히쳑망도ᄒ고 가히죄도주려니와 샤회의 형벌과 샹급은 일반국 민의 공변된쯧으로 나오는것인고로 만일지극히 미련혼 사룸이나 아죠무도혼쟈안히면 이명예와샹급을 조긔의 몸과 일홈으로 함ᄭ 발이디 안는바ㅣ라 쳥컨ᄃㅣ 일본의 풍긔를보라 일인은 군인에게 ᄃㅣᄒ야 놉히고 공경ᄒ기를 보호쥬와 ᄀᆺ치ᄒ며 쏘 군인이 물건을 사는ᄃㅣ는 그갑을 싸게ᄒ여쥬고 군즁에 들어갈찌에는 그 음식을 경ᄒ게ᄒ며 그 젼당에 나갈찌에는 싸호다가 죽기를빌고 그 죽은 후에는 그 형샹을돌에 삭이고 구리로 부어두며 쏘 이쑨안이라그 죽은쟈의 옷을박물원에 두고 그 죽은쟈의 가쇽을 젼공으로 공급 ᄒ며 혹 혼사룸이 젼당에 나갓다가 스스로 도망ᄒ거나 쏘혹군ᄉ 샹일을 그르게 만든쟈ㅣ잇스면 그 아비가 조식으로 알지안코 그

친고들이 부쯔러ᄒ야 그사룸으로 ᄒ여금 텬디간에 용납홀곳이업게ᄒ니 아하 그나라의 풍쇽이 이러ᄒ고야 비록 강ᄒ고져 안히ᄒ들엇지강ᄒ디 안흐리요

이졔ᄂᆞᆫ 일본을 그만두고 우리나라와 듕국의 이젼풍쇽을 보면 군인은 산양ᄉᆞ개로 곳 비유ᄒ고 무예ᄂᆞᆫ 쳔ᄒᆞᆫ 업으로 다 알아 비록 하로아춤에 쟝단에올나 슈륙군 도원슈가되여도 공경대신의게 "쇼인"소리를 면치못홀ᄲᅮᆫ안이라 만일 ᄒᆞᆫ사룸이 병뎡이되여 군문에 들어가면 그아비가 노ᄒ고 그안히가 원망ᄒ며 친쳑들이 은휘ᄒ고 친고들이 ᄯᅥ나허 그군듕에 나갈ᄯᅢ에ᄂᆞᆫ 비록 외방에 츌쥬만ᄒ여도 곡셩이 텬디를 음죽여 비참ᄒᆞᆫ모양을 들어니고 그 집에돌아올ᄯᅢ에ᄂᆞᆫ 비록 그 군듸ᄂᆞᆫ 여디업시 피ᄒ엿슬지라도 깃분빗이 얼골에가득ᄒ여 슐과 고기로 큰잔치를 비셜ᄒ니 그런즉 이힝복을 발이고 누ㅣ능히 명예심을 유디ᄒ야 나라를위ᄒ여 몸을 니여노키를 ᄉᆡᆼ각ᄒ리요 말ᄒ야 이디경에 닐으미 긔가막히고 ᄶᅢ가셔늘ᄒ야다시말ᄒ지못ᄒ노라

그녯지ᄂᆞᆫ ᄌᆞ격과 참ᄂᆞᆫ힘,, 군인의 튼〃ᄒᆞᆫᄌᆞ격은 강ᄒ고 ᆽ〃ᄒᆞᆫ것의 근원이라 대뎌 무명옷 풀모ᄌᆞ와 대집힝이 집신은 쳔리강산을 발셥ᄒ야도 그힘이 오히려 ᆽ〃ᄒ나 그러ᄒ나 만일 그얼골이얌젼ᄒ고 그의복이 화려ᄒ야 슈팔련에 옥동ᄌᆞㅣ 림홈과 긋ᄒ면 그 모양이 아름답기ᄂᆞᆫ 아름다오나 그러ᄒ나 한줄기비와 한ᄶᅦ바룸을 견듸디못ᄒ면 엇지ᄒ리요 허물며군인은 바람에 밥먹고 이슬에 잠자ᄂᆞᆫ것은 통샹ᄒᆞᆫ법이요 산을넘고 물을건너ᄂᆞᆫ것은 압헤당ᄒᆞᆫ 일

이라 그런고로 그몸이 쓸눈물 타는불가온디 잇셔도 그쯧을 변치 안히ᄒᆞ여야 빅번색거져도 돌아셔지안는 긔개가 잇슨연후에야 번〃히익일 긔회를 결단ᄒᆞᄂᆞ니 대개 나ㅣ가 곤홀ᄢᅢ에ᄂᆞᆫ 달은사롬도ᄯᅩᄒᆞᆫ곤ᄒᆞ고 나ㅣ가 갓블ᄯᅢ에ᄂᆞᆫ 달은사롬도 갓븐것이라 이ᄯᅢ를 당ᄒᆞ야 나ㅣ능히 ᄒᆞ번용밍을 더ᄒᆞ야 탄환이 비오듯 ᄒᆞᄂᆞᆫ알헤 한거름만 더나가면 그 승젼ᄒᆞᆫ공은 부득불 나의게 돌아올지로다 그런고로 녯젹에 나파륜이 갈오디 승피의결과ᄂᆞᆫ 마ᄌᆞ막 십오분 동안에잇다ᄒᆞ니 당연토다 이말이여 이ᄂᆞᆫ가위 만고영웅의 착실ᄒᆞᆫ 경력이로다

비록그러ᄒᆞ나 소위 참ᄂᆞᆫ힘이라 ᄒᆞᄂᆞᆫ것은 평일에안져 말ᄒᆞ기ᄂᆞᆫ쉽고실디에 당ᄒᆞ야 힝ᄒᆞ기ᄂᆞᆫ어려우며 ᄯᅩ ᄒᆞᆫᄯᅢ의 리티의싱각으로허ᄒᆞᆫ디경을 건너가는디ᄂᆞᆫ쉽되 평싱의 긔운으로 참다경에 당ᄒᆞᄂᆞᆫ디 ᄂᆞᆫ어려우니 비유컨디 우리가달음질ᄒᆞᄂᆞᆫ 마당에 림ᄒᆞ야 그승부를 구경ᄒᆞ다가 그 달음질ᄒᆞᄂᆞᆫ쟈ㅣ서로 압뒤를 다도와 그 신디에 갓가히옴을보면 응당우리가 손을티며 소리를 딜으며"어셔어셔" ᄒᆞ기를마디안홀지나 그러ᄒᆞ나 뎌당국쟈ᄂᆞᆫ 힘이다ᄒᆞ고 믹이풀녀 압셔고져ᄒᆞ여도 능티못홈이 엇지ᄒᆞ리요 그런고로 참ᄂᆞᆫ힘의 후ᄒᆞ고 박ᄒᆞᆫ것은 뎐연뎍도안이요 ᄒᆞᆫᄯᅢ의 우연ᄒᆞᆫ일도 안이요 반두시졍신으로부어주고 리샹으로 공부ᄒᆞ고 경험으로 단련ᄒᆞ야 빅번불에들어간쇠와갓흔 연후에야 그 갑어치를 차즐이로다

이우에 말ᄒᆞᆫ것은 다군인의 정신뎍 교육이니 국가와 샤회의 의뢰ᄒᆞ야셩립ᄒᆞᆫ 바ㅣ요 기외에 소위국민이 다군ᄉᆞ되ᄂᆞᆫ 쥬의ᄂᆞᆫ 그시

힝홀방칙을 대개세가지로 난호아 말홀이니 그 첫지는 가뎡에 잇고 그 둘지는 학교에잇고 그 세ㅅ지는 샤회에 잇다ᄒ노니 이세가지의 공덕과 영향은 국가ㅣ 그리익을 것울진뎌

[첫지] 가뎡 교육은 실로 개인교육의 근본이라 졍승이되고 쟝슈가되는것이 엇지죵자가 잇스며 하나는 범되고 하나는 개되는것이엇지 뎡훈리치가 안히리요 이는다 유년교육의 됴코됴치못호관계ㅣ라 그런고로 이젼브터 오놀ᄭ지 일반무육국교육은 하필동리롤갈이어 살지도안코 ᄌ식을 밧고아 가라치디도안코 다만톄육과 지육과 덕육으로 세가지 근실을삼아 ᄉ나희의 일평싱 젼뎡을가뎡으로 시쟉ᄒᄂ니 이는 오늘 텬하에 통훈법이라 그러ᄒ나 이사ᄉᆞᆼ이젼일 우리동국에 덕육과 지육을 만져ᄒ고 톄육을뒤에홈과ᄀᆞᆺ지안히ᄒ야 므릇일반 어린아희들은 신톄를 강건케홈으로 만져힘쓸세 그작란ᄒ는것과 그구경ᄒ는물건과 기외에 일동일졍을 다법도에합ᄒ게ᄒ고 풍긔에 뎍당케ᄒ야 한편으로는 그담력을 건장케ᄒ고 한편으로는 그긔운을 쟝ᄒ게ᄒ니 실로 됴흔법이요 올흔방법이라홀지로다

그러ᄒ나 이졔나ㅣ머리롤 ᄶᅩ으며 손으로 결ᄒ고 우리동포에게 간졀히 비는것은 녯젹에 스파타국과갓치 신톄약훈아희는 강이나 산에발여 호랑이나 고기의 미끼를 만돌고 강쟝ᄒ쟈는 나라에셔 세운 아희길으는 집에보니여그부모의사랑을 ᄲᅢ앗고져홈도안이오 다만어진어머니와 엄훈아버지가잇셔 그 자식을 올흔방법으로 가라치되 비록 어린아희 잠재우는 노리라도 결단코 의미업고 리치

업논 "자쟝 자쟝 자쟝 우리익기 잘도잔다 뒷ㅅ집 강아지 못도잔다" ᄒᆞᄂᆞᆫ노ᄅᆡ를 ᄒᆞ지말고 반ᄃᆞ시 스파타녀ᄌᆞ와 덕국부인들의자미잇고 긔운잇ᄂᆞᆫ 노ᄅᆡ를 배홀지며 ᄯᅩ 그다음에ᄂᆞᆫ 비록 어린아희들의작란을 금홀지라도 녀무셥고 겁닐만혼 말로 "녀곽쥐보아라" "왜놈온다" ᄒᆞᄂᆞᆫ말을써셔 얼인아희들의 연혼담을 씻드리고 텬연혼긔운을일케만드니 이ᄂᆞᆫ혼씨의 희롱으로 평ᄉᆡᆼ의 악혼결과를 주ᄂᆞᆫ것이라 기외에 두어가지 필요ᄒᆞ고 가히 업지못홀것을 들어 이알헤긔록ᄒᆞ노니

[一] 아희들의 의복은 아못됴록 화려혼것을계ᄒᆞ고 수″혼것을슝샹ᄒᆞ야 작란하고 힝동ᄒᆞᄂᆞᆫᄃᆡ 편리케ᄒᆞᄂᆞᆫ것이가ᄒᆞ니 대개 우리나라 아희들의 열의아홉은 일즉이 부모의호령의 구박혼바ㅣ되야 하로아춤에 시옷을닙으면 혹 이것을 믈이나 흙에 덜업힐가 혹 이것을 널어나고 안즐씨에 국일가ᄒᆞ야 필경엔 두손을 늘어쓰리고 머리를돌니디못ᄒᆞ고 한걸음 두걸음에 녑흐로보고 바로 보아 한 걸어단이ᄂᆞᆫ 송장이되니 이는 그 얼인아희에게 당ᄒᆞ야 의복이안히라 곳 박승이라 차랄히 이것을 밧고아 무명이나 뵈로디신ᄒᆞ고 셰탁이나 자죠ᄒᆞ면 가뎡경졔와아희교육에 그리익이크고

[二] 우리나라 아희들은 평ᄉᆡᆼ에 병긔를 크게무셔워홈이 ᄯᅩ혼 큰흠뎜이니 이도 ᄯᅩ혼 그 부모의 엄히경계ᄒᆞᄂᆞᆫ것이라 대개 병긔는 흉혼그릇이라 능히 사룸을샹ᄒᆞ며 능히 사룸을 죽이나 그러하나 어른이나 얼인이를 믈론ᄒᆞ고 만일 병긔와 서로친ᄒᆞ

야 그 가지는 법을알고 그 쓰는법을알며 셜혹 그동안에 한두 번 불힝흔일을 당홀지라도 그 마즈막에는 경험이만하지리니 경험이라 ᄒ는것은 원릐 큰겁을 치루디안흐면 셰샹에 한 탄 싱티안는 묘흔믈건이라 사롬이 경험을 구ᄒ디안흐면 쟝ᄎ 무 엇을취ᄒ리요 그런고로 나의의견은 비록 당일에 일쳔명 일빅 명의 건장흔 아희를 일흘지라도 우리나라 아희들에게 병긔를 만히주어 명일에는 그쓰는법을알고 지명일에는 경험을엇고 그후에는 수져와 굿치친ᄒ고 마즈막에는 쳔만명의 건장흔 아 희들을엇어 됴션에유조흔 빅셩만들기를 원ᄒ고 긔도ᄒ노라

다만 이쑨안희라 구라파와 아메리카사롬들은 흔히 얼인아희 들에게 작란ㅅ감을주되 공긔춍 죠츙등으로 뎨일아름다움을 숨아 실디로 련습ᄒ기를 시험ᄒ고 기외에 라팔과 북과 안쟝 진 목마와 허수아비군ᄉ와 군긔 국긔굿흔것을주어 마당이나 마루에딘을베풀고 그아희는 친히 찬란흔군복과 빗나는군도로 쟝수의자리에셔 구령과 젼슐을시험ᄒ며 또 군긔 국긔의 소듕 홈을 이믜 알아 그 근쳐에오면 곳 모즈를벗거나 칼을들어 공 경ᄒ는 뜻을 다ᄒ니 이러ᄒ고 나라를 사랑티안흘쟈ㅣ 어디잇 스리요 나ㅣ이것을보고 우리나라 얼인아희들의 공긔나 쇤의 를놓고 안졋는것을 싱각ᄒ면 실로 긔가막힘을 익이디못ᄒ노 라

〔三〕아희들은 얼엿슬찌브터 군인의긔운을 너어주랴면 맛당히 걸음것는것브터 먼져 가라칠것이니 이는 힝군ᄒ는듸는 필요

훌쑨 안히라 비록 평일에 힝동훌찌라도 발을 법도잇게 움죽여 한사롬이샹이 홈씌힝홀찌에는 그 걸음이졍졔ㅎ야 후두둑후두둑각각 썰어지는쇼리가 업게홈이가ㅎ도다쳥컨디오놀 우리나라 사롬들의 걸음것는것을 볼지어다 뎌 여러사롬들이 홈씌가는것은고샤ㅎ고 다만 두사롬이 홈씌갈지라도 하나는 툭ㅎ고 하나는 탁ㅎ야 그 발ㅅ자최가 쇼나 말의 걸어가는것과 ᄀᆞᆺ트니 사롬이오 쇼와말과 ᄀᆞᆺ틈은 쇼와말이요 옷 닙은것과 무엇이달으리요

[그둘지] 학교] 라ㅎ는것은 됴흔국민을 졔죠ㅎ는 긔계챵이요 나라풍쇽을 개량ㅎ는디 근원이요 국민직업의 예비ㅎ는곳이라 진실로 국민젼톄의 죠직을 군인으로 써 ㅎ고져홀진디 맛당히 학교로브터 시작홀것이요 쏘훈 국민으로ㅎ여곰 엇더한ㅅ업을 훌마음과 엇더훈단련과 엇더훈군인의 졍신긔질을 가지게 ㅎ고져ㅎ면 맛당히 먼져 학교졔도를 엇더케 훌 방침을명ㅎ연후에 가홈을 알아야 홀지니 대뎌 교육의 큰 근본은 그나라 운명으로 홈씌나가는쟈] 라 그런고로 학교의졔도도 쏘훈 그나라국시의 일부분이라홈이가ㅎ고 이것을 박고아 말ㅎ쟈면 한 나라의 학교졔도를보면 그나라의 젼명을 가히 판단홀지로다

쳥컨디 학교졔도를 말ㅎ건대 이졔 국민을 다 군ㅅ만드는 쥬의가 이에 닐을어 비로소 낫타누니 그 하나는 갈오디 확댱이요 쏘 하나는 갈오디 련락이라

소위 확댱이라홈은 무엇이뇨 곳 군인의 교육을 학교에 확댱 훈다홈이니 그 죵지와 뎡도는

〔一〕 톄조와 밋 춍조〔도슈조련과 집춍조련과 분딕조련으로쇼듕딕 조련꼬지〕

조련은 맛당히 간략훈것으로브터 번거훈딕 들어가고 쉬운것으로 말믹암아 어려운딕 들어가고 더욱 맛당히 싱도의 나희와 디식뎡도를보아 표쥰홀것이요 결코 등급을쒸여 올나감을 허락디말지며 므릇 모든동작을 닉히통달훈연후에 그치되 쇼학교는 쇼딕조련에 그치고 듕학교는 듕딕조련에 그칠 것이오

〔二〕 운동과 쟉란〔힝군 야외련습 관혁쏘기 칼츔추기 산에올으기 배젓기 헤음치기〕

운동호고 쟉란호눈것은 원릭 졂은 사나희들의 뎨일됴화호 눈 일이라 귀에 라팔과 북쇼리가 들어가고 눈에칼ㅅ긔운과 챵ㅅ빗이 번젹거리면 마음과간이 스스로쓰고 흥치와맛이 쏘훈동호야 괴로운 싱각을 싸닷디못호니 그형셰를 인호야 잘인도 호면 그리익이 큰지라 그러호나 이즘에 당호야 긔률은 불가불 엄히홀것이요 졔한은 불가불 뎡홀것이니 만일 법도업시 방탕호야 범위밧게 나가면 그히가 더욱 큰연고ㅣ라 그러나 학도들의 본학교 질음을 불으거나 군가를 노릭 홈은 만일 죠련쟝이나 쏘 가히 금홀만한 경우외에는 도쳐

에 맛당ᄒᆞ고 ᄯᅩ 그활동ᄒᆞ는쟉란은 응당 그 ᄯᅡ형셰를 인ᄒᆞ야 베풀것이니 만일 학교에 자리가 산에갓쟈우면 산양ᄒᆞ기 산에올으기 산죠벌이기 그런쟉란이 심히합당ᄒᆞ고 만일 바다에 갓쟈우면혜음치기 배젓기 이런것으로 인도ᄒᆞ야 사ᄅᆞᆷ과 ᄯᅡ의 셔로 합당ᄒᆞᆫ 것을 일티안흠이 ᄯᅩ한 아름다운일이로다

〔三〕 군률

군률이라ᄒᆞ는것은 군ᄃᆡ의 졍신이라 샹관을 복죵ᄒᆞ며 명령을 존듕히녁여 군ᄃᆡ의 딜셔를 유지ᄒᆞ고 법령과 규측으로 셔로 등짐이 업게홈이니 긴요ᄒᆞ게 말ᄒᆞ쟈면 젼톄군ᄃᆡ로 ᄒᆞ여금혼결갓치 협동ᄒᆞ는 긔관이라 고로 군률이 졍돈치못ᄒᆞᆫ 군ᄃᆡ는 곳 오합지즁이요 뎌 밧갈든 농부와 쟝ᄉᆞᄒᆞ던 시민을 몰아다가노흔ᄃᆡ셔 지나디못ᄒᆞ고 ᄯᅩ 군률의 원슈되는것은 방ᄌᆞᄒᆞ고 거슬으고 거즛것을 만들고 힝실을 단졍히못ᄒᆞ고 ᄯᅩ흔겁이만코 나약ᄒᆞᆫ것이라 이졔 군률엄졍ᄒᆞᆫ것에 두어가지 니약을들어 말ᄒᆞ건ᄃᆡ

녯젹에 나팔륜이 련합군에게 곤혼바ㅣ되여 한거름을 능히 나가디 못홀씨에 나팔륜이 그부하 보병졍위 한사ᄅᆞᆷ을 명ᄒᆞ야 쇽히 그ᄃᆡ듐을 거늘이고 압헤막힌 뎍병을 물니치라ᄒᆞᄆᆡ 그듕ᄃᆡ쟝이 비록 ᄌᆞ긔의 일듕ᄃᆡ로 능히 뎌큰진을 뎌당치못홀듯 ᄒᆞ나 그러ᄒᆞ나 쟝슈의 명령이 ᄌᆞ긔의 싱명보다 듕홈을 아는 고로 곳군ᄉᆞ를 독쵹ᄒᆞ야 뎍진으로 나갈세 필경에

눈 빅보안헤갓짜온지라 등대쟝이 그등디를 그곳에 셰우고 단신으로뎍진을향ᄒᆞ미 뎍쟝은 원문에안져 한 외로운 군디 의 오눈것을 보고 스스로 싱각ᄒᆞ기를 필시이것이 항복ᄒᆞ려 오ᄂᆞᆫ것일시의심업다ᄒᆞ고 그쟝관의 오기를 기다리다가 그셔 로 가짜온짜에 당ᄒᆞ야ᄂᆞᆫ 그 등대쟝이 긔회를 타 뎍쟝을버 히고 칼을둘너 돌격을명ᄒᆞ미 법국군ᄉᆞㅣ 뎍진에들어가 좌 우로 츙돌ᄒᆞ며 나팔륜본영은 이긔회를타 대병으로 압혜당 ᄒᆞ미 드듸여 뎍병이허여져압길을 열엇다ᄒᆞ니 이ᄂᆞᆫ다만 군 률이 엄졍ᄒᆞᆫ효력이라 이것이 비록 한가지뎐ᄒᆞᄂᆞᆫ말에 지나 디못ᄒᆞ나 그러ᄒᆞ나 아하 이것을 가지고 이젼 히하에 초패 왕의 녯일을 싱각ᄒᆞ면 그누가 익이며 누가패ᄒᆞᆯ고

ᄯᅩ호가지 니야이 잇셔 죡히 싱도들로 ᄒᆞ여금 군률의 등흠 을 알게ᄒᆞᆯ쟈ㅣ 잇스니 녯젹에 덕국과 법국의 젼징이 그친후 에법국의 한군인이 덕국군디에게 사로잡힌바ㅣ 되엿다가 필경엔 고국에 돌아와 쳥년ᄌᆞ뎨들을 거ᄂᆞ리고 군ᄉᆞ교육을 힘쓸세하로ᄂᆞᆫ실디로 젼슐을 련습ᄒᆞ기위ᄒᆞ야 일반싱도를 두 편으로 난호아하나ᄂᆞᆫ 침범디를삼고 하나ᄂᆞᆫ 방어디를 삼은 후에 각각뎡탐과 쳑후병을 파숑ᄒᆞ야 뎍병의 졍형과 디리를 탐디ᄒᆞᆯ세 그등에 한싱도ㅣ 잇셔 이것을다만 작란으로만알고 뎍병의 뎡탐을맛나 그 니졍을 다말ᄒᆞ고 ᄯᅩ 그 동관 아모아 모ᄂᆞᆫ 아모디로좃ᄎᆞ 아모디로간것을 말ᄒᆞ고 셔로져눈후에 필경엔 그졍탐들이 다 뎍병에게 사로잡힌지라 일을맛친후 그사로잡힌싱도들이 아모의 소위를 분히녁여 그션싱에게

고ᄒᆞ미 그 션싱도 또ᄒᆞ노ᄒᆞ야 당댱에 아모를 잡아들여 여러사룸압헤셰우고 "너ㅣ나라사랑ᄒᆞ기를 비호지안코 나라팔아먹기를 비호ᄂᆞ다"ᄒᆞᄒᆞ고 학교에 감금을명ᄒᆞᆫ일이 잇스니 이도쏘ᄒᆞᆫ 군률의 엄듕홈을가ᄅᆞ치ᄂᆞᆫ디 한 됴ᄒᆞ니약이로다

〔四〕군ᄉᆞ샹디식

군ᄉᆞ샹 디식은 국민을 다 군인 만드ᄂᆞᆫ쥬의의 가쟝긴요ᄒᆞᆫ것이니 오놀날 군듸에일은 이젼과갓치 남양초당으로 ᄒᆞᆫ번나와다만디략으로 삼군을 지휘치못홀찌라 고로 이졔군ᄉᆞ교육의 급션무ᄂᆞᆫ 곳 군ᄉᆞ샹에 모든실디 련습이오 그 다음에ᄂᆞᆫ 위션ᄌᆞ긔나라의 군졔병졔와 히방륙방과 젼슐젼략갓ᄒᆞᆫ 모든 긴요ᄒᆞᆫ ᄉᆞ무와 또외국 군졔와 고금젼징 ᄉᆞ긔와 유명ᄒᆞᆫ 쟝슈들의 뎐긔를 공부ᄒᆞ고비와 처음에ᄂᆞᆫ 졍신뎍교육으로 시작ᄒᆞ고 마ᄌᆞ막에ᄂᆞᆫ 실디뎍젼습을 시험ᄒᆞ여야 그공이 ᄌᆞ못 들어날지라엇지녯날무부들의 오즉 힘만 밋든일을 비ᄒᆞ리오

〔五〕군ᄉᆞ뎍지조

군인의 필요ᄒᆞᆫ 지조ᄂᆞᆫ 위션 문산을알아 므릇 군듸에서 쓸 글ᄌᆞ의 격셔와 보고와 됴문과 졔문갓ᄒᆞᆫ것을 용이히 쓰기를 요 구ᄒᆞ고 기외에다시 원근을 혜알여 보ᄂᆞᆫ것과 산쳔디도를 글이ᄂᆞᆫ법과 일톄긴요ᄒᆞᆫ ᄉᆞ무를 모다민쳡ᄒᆞ고 쇽히홈이 가

ᄒᆞ니 만일군인이 이것을 능히못ᄒᆞ면 가히완젼ᄒᆞᆫ 군인이라고 말ᄒᆞᆯ슈업도다

소위 련락이라ᄒᆞᄂᆞᆫ것은 학교를군졔로 련락ᄒᆞ야 학교를변ᄒᆞ야 군ᄃᆡ를만듬이니 쳥컨ᄃᆡ 그시힝ᄒᆞᆯ 방법을 말ᄒᆞ건ᄃᆡ

一, 쇼학교ᄂᆞᆫ 쇼ᄃᆡ조련으로 극도를삼아 대개오년으로 한명ᄒᆞ고 그학교 교ᄉᆞㅣ나 군ᄃᆡ에 하ᄉᆞ로 가르치게ᄒᆞ고

二, 듕학교ᄂᆞᆫ 듕ᄃᆡ조련으로 극도를삼아 대개삼년으로 한명ᄒᆞ고 교슈ᄂᆞᆫ 휴직쟝교와 하ᄉᆞ로 면츙홈이가ᄒᆞ고

三, 대학교ᄂᆞᆫ 듕ᄃᆡ 대ᄃᆡ와 대ᄃᆡ이샹조련을 임의로 시힝ᄒᆞ되 이년으로한명홈이 가ᄒᆞ니 이ᄂᆞᆫ오ᄂᆞᆯ날 북미합즁국 각관립대학에셔젼졔로 시힝ᄒᆞ야 므릇 남학도 일이년싱은 피ᄒᆞ고져 ᄒᆞ여도 감히못ᄒᆞᄂᆞᆫ것이요 ᄯᅩ 그규모ᄂᆞᆫ 비록지극히 젹을지라도 한두대ᄃᆡ로 편즙ᄒᆞ야 그안에보병 포병과 공병 치듕병과 군의ᄃᆡ갓ᄒᆞᆫ것을 간략히 셜비ᄒᆞ고 ᄯᅩ 기외에 군악ᄃᆡ 하나ᄂᆞᆫ 가쟝 필요ᄒᆞᆫ것으로알아 모든군졔가 볼만ᄒᆞ게 만돌어노앗스니 이ᄂᆞᆫ가위 조직에 큰결뎜이 업다ᄒᆞᆯ지로다

나ㅣ여긔당ᄒᆞ야 불가불각별히쥬의ᄒᆞᆯ것은 대개 듕ᄃᆡ조련은 군ᄃᆡ에 가쟝긴요ᄒᆞ고 더홈이업셔 군인의 각양활동이 이에셔분별이나ᄂᆞᆫ 연고ㅣ라 대개 그 리유를 자셰히 말ᄒᆞ쟈면 분ᄃᆡ와 쇼ᄃᆡᄂᆞᆫ 너무간략ᄒᆞ야 군인힝동에 미비ᄒᆞᆫ것이만코 대ᄃᆡ와 련ᄃᆡ이샹은 다만 각듕ᄃᆡ가 ᄒᆞᆼ상 긴요ᄒᆞᆫ 원위가되여

모히고 허여지ᄂᆞ디셔 지나디못ᄒᆞᄂᆞ고로 무론 엇더ᄒᆞᆫ 군ᄃᆡ 던지 즁디조련이 턁실티못ᄒᆞ면 가히 군ᄃᆡ의형톄를 만드디 못ᄒᆞᄂᆞ바ㅣ라 그런고로 듕디조련은 보병조련에 곳 말ᄒᆞ기를 군인의졸업ᄒᆞᄂᆞᆫ 곳이라ᄒᆞ엿ᄂᆞ니 이것이 망녕된 말이안히로다

ᄯᅩ 듕학교 조련은 응당 통샹죠련외에 파슈와 복초와 쳑후와 뎡탐과 기외의 각양 긴요한 ᄉᆞ무를 턁실히 련습ᄒᆞ야 범연히 보디못ᄒᆞᆯ일

통이언지ᄒᆞ면 한 학교ᄂᆞᆫ 곳 한 군ᄃᆡ요 한 국가도 ᄯᅩᄒᆞᆫ 한 군ᄃᆡᄯᆞ름이니 나라에디ᄒᆞ야 말ᄒᆞ면 각학교의 관립ᄉᆞ립을 믈론ᄒᆞ고 필야 일톄으로 련락ᄒᆞ야 머리털 하나를 당긔면 젼신이 동흠과ᄀᆞ치 소듕대학이 다 군인의칙임을 담부ᄒᆞᆯ지라 대뎌일은 실디를 넓아본연후에 그 어려운것을 알고 그 어려운것을 지나인연후에 그 락을이ᄂᆞ니 만일 젼국국민으로ᄒᆞ여곰 군인의락을 다알면 뎌 강흔녁국의 바람과물결을 헤치고 하ᄂᆞᆯ과ᄯᅡ를 뒤노ᄒᆞ며 오ᄂᆞᆫ것을 엇지근심ᄒᆞ리요

ᄯᅩ 이ᄲᅮᆫ안이라 만일 학교계도를 이ᄀᆞ치조직ᄒᆞ면 그 안과 밧그로 형용잇고 형용업ᄂᆞᆫ 리익이 젹디안ᄒᆞ니 첫ᄌᆡᄂᆞᆫ 비록 이 졔도를 실힝ᄒᆞᆫ디 다셧히후에 징병법을 힝ᄒᆞᆯ지라도 그긔한을 가히 줄일것이요 둘ᄌᆡᄂᆞᆫ 징병의긔한을줄임으로 ᄆᆡ년에 군비를 가히 감ᄒᆞᆯ것이요 셋ᄌᆡᄂᆞᆫ 젼국에 군ᄉᆞ디식이 널니 퍼질것이요 넷ᄌᆡᄂᆞᆫ 군인의학식과 긔예가 ᄡᅡᆼ으로경ᄒᆞ야

문무의당구호슐법을 아울너쓸것이요 다셧지는 이샹의 모든 것을 의지ᄒᆞ야 나라가 위엄과 명예를더홀지라 오호ㅣ라 쏘 이취뎨국의군ᄉ교육이 이것이안히요 무엇이뇨 그러ᄒᆞᆫ즉 이 젼사룸들의 아름답게녁이ᄂᆞᆫ바 군듕의 ᄉ졸들이 다 효경을 넑ᄂᆞᆫ다ᄒᆞᄂᆞᆫ것은 오히려 우습고 뎌 쟝막속에서 쳔리를 예산 ᄒᆞ던 사룸과 초당 안에서 삼국디도를 글이던 션븨도 다 이 가온듸셔 볼지라 아하 그사룸들은 다 한ᄭᅴ에 쑥나와셔 시 셰의 만든바 영웅이어니와 이 쇼학 듕학 대학을지나 유년 명년 쟝년으로 된 영웅들은 쟝ᄎ 무엇을 만들니요 시셰ㅣ 여 나는 차랄히 시셰를만드ᄂᆞᆫ 영웅을 원ᄒᆞ노라

[그셋지] 샤회에당ᄒᆞ야는 그 방칙이 또한 세가지가 잇스니 첫지 는 샤회의조직을 명ᄒᆞ고 둘지는 샤회의풍긔를 썰치고 셋지는 샤 회의 이목을 시롭게홈이라

쇼위 샤회의조직을 명ᄒᆞᆫ다홈은 무엇이뇨 갈오되 군듸의조직 으로 샤회를 조직홈이니 대개 국민이 얼여셔는 학교의 교육 을바드나 그러ᄒᆞ나 그 일평싱의만ᄒᆞᆫ부분은 샤회듕에셔 노ᄂᆞᆫ 고로샤회교육을 밧ᄂᆞᆫ다 홀지라도 무방ᄒᆞ니 통이언지ᄒᆞ면 샤 회ㅣ라ᄒᆞᄂᆞᆫ것은 국민을 만들어나이ᄂᆞᆫ 큰 화로ㅣ라 그런고로 샤회가완젼티못ᄒᆞ면 국민이 쏘한 건쟝티 못홀지라 대개 샤회 는 그릇과 ᄀᆞᆺ고 국민은 물과ᄀᆞᆺᄒᆞ 물은 그릇의 모지고 둥근것 을쌀아 류동ᄒᆞ고 국민은 샤회의 모양을쌀아 힝동ᄒᆞᄂᆞ니 군듸 조직이라ᄒᆞᄂᆞᆫ것은 직분을다ᄒᆞ고 긔률을딕히되 무협을 슝샹ᄒᆞ

눈졍신이요 군딕조직이라 ᄒᆞ눈것은 츙실ᄒᆞ고 질박ᄒᆞᆫ것을 가
루침이요 군딕조직이라 ᄒᆞ눈것은 약속을 듕히녁이고 큰 의를
사랑홈이요 그 마즈막에는 공동ᄒᆞ졍신으로 급ᄒᆞᆫ것을 서로도
읍눈 의협심 ᄯᅡᆷ이라 이 마ᄋᆞᆷ으로ᄡᅥᄒᆞ야 샤회활동의 듕츄를
만들고 듕앙과 밋 디방졍부의 립법 ᄉᆞ법 힝졍등 각양긔관을
군ᄉᆞ샹 디식으로 운젼홈은 그 긔운이엄슉ᄒᆞ고 듕ᄒᆞ며 그 긔
관이 법도잇고 민첩ᄒᆞ야 샤회의 조직이 한번 변홈엔 텬디간
에 한 시나라뵉셩이 나오리로다

소위샤회의 풍긔를 썰침이무엇이뇨

첫지는 갈오되 샤회의풍긔로ᄒᆞ여금 한결갓치 부ᄌᆞ런ᄒᆞ고 괴
로운딕 나가눈것이니 샤치ᄒᆞ고 게을은즉 이눈 약ᄒᆞᆫ것을 불으
고 망ᄒᆞ눈것을 불으눈딕 션봉이라 진실로 강ᄒᆞ고 굿셴국민
이되고져홀진딕 만져맛당히 부ᄌᆞ런ᄒᆞ고 괴로운딕로 브터시작
홀지니 오놀셰계에나서셔 그ᄉᆞ셩과 존망은 오죽근긔의 후박
으로단뎡ᄒᆞ고 근긔를 양ᄒᆞ눈 큰약지눈 다만부ᄌᆞ런ᄒᆞ고 괴로
운딕로좃ᄎᆞ나오눈바ㅣ라 한 나라사ᄅᆞᆷ으로ᄒᆞ여금 능히 각각독
립의 싱활을경영ᄒᆞ면 그ᄯᅳᆺ이 굿어지고 그몸이강건ᄒᆞ야 그러
ᄒᆞ연후에졍신이 뢰락ᄒᆞ고로 부ᄌᆞ런ᄒᆞ고 괴로운것은 국민을
다 군ᄉᆞ만드눈딕 긴요ᄒᆞᆫ바탕이요

둘지는 갈오딕 샤회의 풍긔로 한결갓치 무긔를 슝샹ᄒᆞ눈딕
나아가게홈이니 무긔를 슝샹홈은 일반국민을 다군ᄉᆞ만드눈딕
본분이라 그쳔근ᄒᆞᆫ쟈로브터 말ᄒᆞ쟈면 그 톄육의발달을 쟝려

ᄒᆞ야 말달니기와 격검ᄒᆞ기와 유슐과 씨름과 쒸음과 각양 운동을 힘쓰고 쏘공원에나 길거리에는 유명ᄒᆞᆫ쟝ᄉᆞ와 유공ᄒᆞᆫ군인의 동상을 세우고이젼에 용밍스럽게 싸호던 글임도삭여 사ᄅᆞᆷ의마음에 감동ᄒᆞ야 ᄭᆡ달음을 엇게ᄒᆞ며 기외에 연셜의방법과 광ᄃᆡ의놀음과 물건을사ᄂᆞᆫᄃᆡ는 당시의군인과 대학교 학ᄉᆡᆼ에게ᄂᆞᆫ 특별히리익을주어 명예를 보젼케ᄒᆞ되 군인과 학ᄉᆡᆼ은 두가지로보디말고 일톄로 ᄃᆡ졉ᄒᆞ야 샹하ㅣ한결ᄀᆞ치 완젼ᄒᆞᆫ 국민이된후에 우리력ᄉᆞ샹의 거룩ᄒᆞᆫ영광을 멀니들어ᄂᆡ면 그 아름답디안ᄒᆞ뇨

쇼위 샤회의이목을 시롭게ᄒᆞᆫ다홈은 무엇이뇨

므릇 신문과 광ᄃᆡ놀음과 미슐과 문학 노리ᄀᆞᆺᄒᆞᆫ것은 다 죡히 국민의졍신을 이리ᄒᆞ고 뎌리ᄒᆞ야 격동도식히고 감화도 식히ᄂᆞᆫ쟈ㅣ라 형용업ᄂᆞᆫ졍신은 반ᄃᆞ시 형용잇ᄂᆞᆫ물건으로 말ᄆᆡ암아 감동되여 사ᄅᆞᆷ의마음에 들어감이깁ᄒᆞᆫ고로 녯젹에 스파타국이 니웃 나라의게 피ᄒᆞᆫ바ㅣ되여 구원을 아뎐에쳥ᄒᆞᆷᄋᆡ 아뎐이 군ᄉᆞ로써 보ᄂᆡ디안코 오즉 한 뎌잘부ᄂᆞᆫ쟈를명ᄒᆞ여 군령을응ᄒᆞ야 고동ᄒᆞᄆᆡ 이에 군ᄉᆞ의긔운이 다시 시로와 뎍병을 크게피ᄒᆞ엿스니 오호ㅣ라 계명산 가을달밤에 통쇼를불어 초패왕의 군ᄉᆞ를 헤침과 달은것이 무엇이뇨 나ㅣ이로말ᄆᆡ암아 물건의 사ᄅᆞᆷ을 감동홈이 크고 ᄯᅩ 깁흔줄로밋노라 그런고로 그 대개를 말ᄒᆞ건ᄃᆡ

〔一〕 신문이라 ᄒᆞᄂᆞᆫ것은 국민젼례의 졍신을 류통ᄒᆞᄂᆞᆫ긔관이라 그런고로 군ᄉᆞ디식의 널니펴지기를 도모코져ᄒᆞ며 반드시 신문으로브터 시작홀지니 신문의셰력은 한사ᄅᆞᆷ의간으로좃ᄎᆞ나와 일만사ᄅᆞᆷ의 골슈둥에 들어가ᄂᆞᆫ고로 오죽 사나희를 변ᄒᆞ야 계집을 만드ᄂᆞᆫ외에는 일만가지 능력이잇셔 능히 션디쟈도되고 예언쟈도되고 긔챠의 긔관슈도되고 려힝의 향도쟈도되며 기외엔 샤회의샹별을붉히고 ᄂᆡ외의 시비를판단ᄒᆞ야 큰일 젹은일을 한가지붓으로 분간ᄒᆞ니 그런즉 이것으로써 군ᄉᆞ교육의 지남침을만들어 국시를발양ᄒᆞ면 그결과ㅣ 쟝ᄎᆞ 엇더ᄒᆞ리요

〔二〕 광ᄃᆡ노름에 디ᄒᆞ야는 대뎌 사ᄅᆞᆷ의졍신과 싱각으로말미암아 무ᄉᆞᆫ일이 다만 마음가온ᄃᆡ 거즛 형용만 보이ᄂᆞᆫ것은 참으로 실디에 증험ᄒᆞ야 그 투텰ᄒᆞ고 명ᄇᆡᆨ함을 보ᄂᆞᆫ것만 ᄀᆞᆺ디못ᄒᆞ고로 우리가 녯젹일을싱각ᄒᆞᄆᆡ 가령 홍문연큰자리에 항쟝의칼과 번쾌의눈이나 화용도좁은길 관운댱 조밍덕의 녯일을 싱각ᄒᆞ면 그 엄슉ᄒᆞ긔운과 그 의협심이 과연 우리의 마음과 노를 얼마나길으ᄂᆞᄂᆈ 그러ᄒᆞ나 이것을 만일 놀음잘ᄒᆞᄂᆞᆫ광ᄃᆡ로 친히 스ᄉᆞ로 항쟝 번쾌 관운댱 조밍덕이 되야 그 진경을 글여ᄂᆡ면 그 마음을 감동케ᄒᆞ고 노를 길으ᄂᆞᆫ것이 아ᄍᆞ 아못형용업ᄂᆞᆫ 글ᄉᆞ쟈나 쇼리들을씨와 비교가 달을지라 그런고로 광ᄃᆡ놀음도 샤회의풍긔를 고동ᄒᆞᄂᆞᆫᄃᆡ 한 리ᄒᆞ긔관이라우리가 실로 샤회의풍긔를 긔량ᄒᆞᄂᆞᆫ데

죵ᄉ코져ᄒ면 광ᄃᆡ놀음의 긔량ᄒᄂᆞᆫ것이 ᄯᅩᄒᆞᆫ 긴요ᄒᆞᆫ 일이니 오날 우리나라에는 슯흔놀음이나 깃븐놀음이나 합당ᄒᆞᆫ 광ᄃᆡ놀음이 온젼히 업다ᄒᆞ여도 과격ᄒᆞᆫ 말이안히요 셜혹 잇다ᄒᆞ여도 그 가쟝 놉흔것으로말ᄒᆞ면 항쟝무 젹벽가와 그다음에는 놀부흥부의 박타ᄂᆞᆫ것과 리도령 츈향의 긔박ᄒᆞᆫ 연분 곳흔것이오 그 알헤로 산디도감 쇼ᄉᆞᄃᆡ쟝이 곳흔것은 너무 비루ᄒᆞ야 말이나 글에도 가히 거론ᄐᆡ 못ᄒᆞᆯ 놀음이라 이것으로써 소위 자미잇ᄂᆞᆫ 놀음이라ᄒᆞ야 사ᄅᆞᆷ의마음을 일쳔쳑 구뎡알헤 ᄲᅡ지게ᄒᆞ니 이 엇지 한심티안ᄒᆞ리요 오호 ㅣ라 이 계로브터 모든악ᄒᆞᆫ작란과 ᄯᅩ 타국의 놀음은 만히발이고 온젼히 우리국수뎍〔國粹的〕 녯일을 들어 시희ᄃᆡ를열어 을지문덕 쳔합소문이 슈ᄉᆞ나라 당나라 군ᄉᆞ를 몰아ᄂᆡ던것과 김유신의 소뎡방을 ᄭᅮ짓던일과 박졔샹이 계림신이라일캇던일과 리슌신이 왜병을 파ᄒᆞ던일과 김응하가 나무알에서 홀로 싸호던 일곳흔것을들어 력ᄉᆞ샹 영광을 발양ᄒᆞ며 시작ᄒᆞ기를 웅쟝ᄒᆞ고 격렬ᄒᆞ노리로ᄒᆞ고 맛치기를 강개ᄒᆞ고 므르녹은 흥티로ᄒᆞ야 붉은얼골 흰터럭의 거즛면목으로 그 참모양을 만들어ㄴㅣ면 그졍신의 감격홈이 크고 ᄯᅩᄒᆞᆫ 깁흘지라 샤회기량의칙임을 만튼쟈ㅣ 웨 어셔 시험티안ᄒᆞ리요

〔三〕 사ᄅᆞᆷ의 눈에들어와 마음을 감동케홈은 다뭇 광대놀음만 안이라 미슐품에 사ᄅᆞ믈 감동케홈이 ᄯᅩᄒᆞᆫ젹지안ᄒᆞ니 여긔

당ᄒᆞ야는 각죵글임과 환등과 활동사진ᄀᆞᆺᄒᆞᆫ것이라 국민의 됴화ᄒᆞ는마음을 인ᄒᆞ야 그이목의 사랑ᄒᆞ는바로 리롭게 인도ᄒᆞ면그 마음에 감동ᄒᆞ기 쉬운것과 간에삭이기 깁흠이 이에셔 지나가는쟈ㅣ 업스니 녯젹에 법국이 보로사에게 피ᄒᆞᆫ 후에 그국민이그참혹ᄒᆞᆫ 경샹을글여 각식단쳥으로 당일의 진경을 만들어니여길ㅅ거리에 걸미 보는쟈ㅣ 모다 이통ᄒᆞ야 졍신이 ᄒᆞᆫ번쩔치고기외에도 미국과 셔반아 젼징과 일본과 아라사젼징 당시에 싸홈ᄒᆞ는 구름이 아즉도 텬디에 사모찻스나 그러나 그활동샤진들은 발셔국듕에 편만ᄒᆞ야 그빅셩들로 ᄒᆞ여금 밧게잇는군인들의 엇더케 고싱ᄒᆞ고 엇더케 싸홈ᄒᆞ는것을 지쳑간에 목격ᄒᆞ게ᄒᆞ야 부지불각에 밋친사름ᄀᆞᆺ치 뛰놀게ᄒᆞ야 깃부고 노홈을 곳얼골에 들어나게 ᄒᆞ엿스니 감히뭇건디 여러분은이ᄶᅢ를당ᄒᆞ야 엇더ᄒᆞᆫ싱각이 마음에 동ᄒᆞ겟느뇨 그 죽는것을 둘여워ᄒᆞ겟느뇨 혹사름을 즐겨ᄒᆞ겟느뇨

[四] 망ᄒᆞᆫ나라의 사긔를 닑으면 쵸연히 슲허ᄒᆞ고 쟝소의뎐긔를 닑으면 개연히 감동ᄒᆞ니 글ᄌᆞ에 사름을동홈이 이러ᄒᆞᆫ즁에그 가쟝힘잇는쟈는 쇼셜이라 대뎌딘등에 실디로 경력ᄒᆞᆫ 말이나 젼투의승부로 평론ᄒᆞᆫ것이나 쟝리의 젼징을 의론ᄒᆞᆫ 것은 다피눈물 애국심으로 모아놋코 졍신과 용밍으로 젼승ᄒᆞᆫ것을보면 누ㅣ 감히 펄〃 뛰며 ᄒᆞᆫ번ᄌᆞ긔가 친히시험ᄒᆞ기를

싱각지 안흘이오 이외에도 쳥국에 봉신젼이 잇셔 의화단이 닐어나고 영국에 [모험쇼셜]이잇셔 식민이 날로넓어졋스니 이는다쇼셜의힘이요 쇼셜이 식힌바ㅣ라ㅎ노라

쇼학문즁의 가장 맛잇고 가장 효험잇는것은 곳시부와운문이라 녯젹에 미국에 남북젼징이 잇슬찌에 븍방에 한녀인 문쟝이잇셔 흑인죵을 죵문셔에셔 쏩아니기를 즈긔의싱명과 굿치 알고 입으로써 붓으로써 쥬의를 발양ㅎ다가 하로눈침 〃 디검은밤에 집웅에올나 븍방쟝쫄의 딘을발아보다가 시한슈를 지어셰상에 뎐ㅎ이 그 시를닑는쟈ㅣ 그쳣구에는 칭찬ㅎ기를 마지안코 그둘지구에는:혀를쌀이고 그셰ㅅ지와 녯 지구에는 엄슉흔긔운이 사름을 엄습ㅎ야 터럭이와 쎠가스스로 동ㅎ고그 마즈막귀에는:혼이업셔지고 넉이업셔져 능히 그글귀를 다닑지못ㅎ고:번 〃 히:셔로보다가 사름사름이 다죽을마음을 품엇스니 이는우리글로 번역ㅎ면

　　예수는 사름을 거륵케ㅎ고져 죽엇스니
　　우리도 죽쟈 사름들 즈유ㅎ게

그러ㅎ나 이것을 이갓치 번역홈이 그뜻은대개 번역ㅎ엿스나 그졍신은 온젼히 일흔지라 닑는쟈의 샹고ㅎ기를 위ㅎ야 이에 그본문을 젼례로기록ㅎ노라

In the beauty of the lilies,

Christ was born across the sea,

With a glory in His bossom

　　that transfigures you and me,

As He died to make men holy,

　　let us die to make men free,

While God is marching on.

〔五〕 노래와 음악의 신묘홈은 가히두말을 안ᄒ고 다알지라셕 양편풀은풀 언덕에 둘씩 셰ㅅ씩 짝을지어 억개를 결으고 팔을 련ᄒ고오ᄂ 녀쇼학교 싱도들의 학가와 군가를 석거불ᄋᄂ소리를들으면 그한업ᄂ 감동이 과연엇더ᄒ뇨 그노래의 옹졸ᄒ것도평론치말고 그곡됴의 한결ᄀ지 안ᄒ것도 웃지말라 이ᄂ 가장가히 사랑홀만ᄒ고 가장가히 샹줄만훈 단청으로도 형용치못홀 묘한소리라 그런고로 나ㅣ일즉히 들으미 년전에미국틔평양 홈디가 일본을 심방홀씨에 히군쟝졸이 동경에니르러 신바시 명거댱에나리미 무수훈 쇼학싱도들이 나희ᄂ 불과륙칠셰요 입으로ᄂ 겨우 ᄌ모음을 넓을만ᄒ나 그러ᄒ나 그 항오를 군례로 쑴이고:그경례를 군례로 인ᄉ훈후 일만명입의 한목소리로 미국 국가를불너 미국사룹를 환영홈이 쟝슈와군ᄉㅣ 무한히 즐겨ᄒ야 쯧밧게:깃븜을:엇〃 다ᄒ니 일인은 가위손님을 디졉홀쥴알고 일본은 가위무육

국이라 ㅎ겟도다

이는 오히려 물론ㅎ고 나의친히 지는 경력으로 말ㅎ여도 나ㅣ샹년에 녜브라스카 관립대학에잇셔 한쥬일동안 야외 련습을치루고 마즈막 돌아올씨에 우리의 일대디 이대디로 련디를 편제ㅎ고 관병식을 힝홀시 팔빅명학도가 "밧드러총" ㅎ고셔 셔군악디로 경례호를 분후 우리군디의 군가와 미국의국가를 합ㅎ야 불씨에 나는 마음가온디 놀난물결이 츙돌ㅎ고 잔등에찬됴슈가 왕리ㅎ야 털억ㅅ치 모다스ㅅ로 올나 가물 면치못ㅎ얏스니 이는비록 됴션국가와 됴션군가는 안이나 그러ㅎ나 한씨의 감쵹으로 그러ㅎ바ㅣ라 아모커나 과연싱긔잇고 참맛이잇는군가와 군악이 안히면 엇지사룸을 이굿치 감동케ㅎ올이오

하여ㅎ야 오놀날 우리국민의 가장큰 흠뎜은 우리의일뎡ㅎ 국가가 업슴이니 불가불 이것을 만둘어 : 대쇼인민이 통히 다알게ㅎ올것이오 소위민간에 힝ㅎ는 글에라도 차라히 "초산에안즌 범과 픵택에잠긴룡"은 노리ㅎ올지언뎡 결단코 "반남아"는불음이불가ㅎ도다 아하 뎌 가증ㅎ고 미운 아르랑타령과 쏘반은 울고 반은곡ㅎ는것굿흔 슈심가는 그 결과ㅣ엇더ㅎ엿느뇨 녯날의 [예샹우의곡]을 이에 가히 싱각ㅎ겟고 [옥슈후경화]를 이에가히보겟도다 나는이런음란ㅎ고 더러운노리는 모다한노쓴에묵거 동히로보닉고 다시사쳔년 녯나라에 유신곡을 노리ㅎ면,,,,

오호ㅣ라 말ᄒᆞ야 이에니르미 쟝ᄎᆞ 그치고 말녀니와 됴션혼이여 됴션혼이여 오놀날 됴션혼이 어듸잇ᄂᆞᇇ뇨 돗듸를 풀은바다에쓰미 풍파ㅣ 망〃ᄒᆞ도다 비ㅅ머리에 콰〃울니는것이 독립의북이냐 비ㅅ소리에 펄〃날니는것이 ᄌᆞ유의긔ᄲᆞᆯ이냐 그러ᄒᆞ나 비는 혹바다 밋헤 ᄲᅡ지기도ᄒᆞ고:혹은 ᄯᅩ:션경에도 니르는것이라 황금셰계를 어ᄂᆞ날 서로보며 태평싱이를 어ᄂᆞ씨 놀이리요 감히 쳥ᄒᆞ노니 오 놀 됴션국혼을 불으고져ᄒᆞ면 무육ᄊᆞ름이요 국민이 다 군ᄉᆞ될 ᄊᆞ 름이요 교육과 폭동을 일시에 홀ᄊᆞ름이라 오호ㅣ라 됴션국은 됴 션사ᄅᆞᆷ의 됴션이안이뇨 가히 어엿브도다 나의됴션국이요 가히사 랑홀만ᄒᆞ도다 나의 됴션동포들이여

국민이다군ᄉ되는쥬의와오늘졍형에디하야언론

이우헤 말혼 바는 우리나라도 잇고 졍부도잇셔 학교와 샤회와 가뎡의교육을 국가에셔 감독ᄒ게된연후에야 가히 의론홀것이라 그러혼즉 오늘날 됴션사롬이되여 오늘날 됴션에쳐ᄒ야 이런의견을 말ᄒ는것은 오히려 어리셕은 사롬이라 쇼학교 하나를 임의로 셰우디못ᄒ는날에 엇지 대학을 언론ᄒ며 산양총하나를 ᄉ"로두디 못ᄒ는날에 엇지 군긔를 싱각ᄒ리요 그런고로 이우헤 말혼바는 비록 하놀과 짜를뒤집고 산과 물을 업치는슈단이 잇다ᄒ여도 다 글임의 쎡이요 실상으로 힝ᄒ디 못홀디로다 아하 그분ᄒ고 졀통티안ᄒ뇨

그러ᄒ나 한나라빅셩으로ᄒ여곰 진실로 다 군ᄉ를 만들고져ᄒ면 다만 우리가 이것을 일죽히 싱각디못혼것이 안이요 이믜 싱각ᄒ여 씨달은바에는 능히 실힝홀지라 허믈며 오늘 됴션국민이 되여 한번싸홈은 죽어도 피티못홀일이요 군ᄉ되는의무는 아모라도 면티못홀 이날이리요 그런고로 우리는 다만:모르는 것을 한ᄒ디 말지며 또혼 차랄히 영웅이업는것을:한홀지언뎡 결단코 긔회가 업는것을 한ᄒ디 말지라 긔회는 원뤼 영웅이 만드는것이라 긔회가 엇지 영웅을 만들리요 만일 이러케 싱각디안코 다만 나라업는것만 한ᄒ고 졍부업는것만 한ᄒ야 우둑ᄒ히 오독ᄒ히 눈물지며 한슘쉬고 안져셔 날과밤으로 근심만ᄒ기를 우리졍부가업스니

누가 능히 국민으로 다 군ᄉᆞ를 만들리요ᄒᆞ면 이는 약혼아희요 용렬혼 지아비라 감히 뭇노니 그들의 근심ᄒᆞ는바ㅣ 과연 무엇이 며 그들의 걱졍ᄒᆞ는바ㅣ 과연 무엇이뇨 쳣ᄌᆡ는 응당 군ᄉᆞ교육을 실힝홀 방척이업는것을 근심홀터이요 둘ᄌᆡ는 응당 군ᄉᆞ교육을 실힝홀싸히 업는것을 한홀터이나 그러ᄒᆞ나 오호ㅣ라 이ᄯᅥᆫ디가 아즉도 광대혼지라 이몸하나를 어ᄂᆞ곳에 용납디못ᄒᆞ며 이셰월이 아즉도댱원혼지라 우리 한단톄가 어ᄂᆞ찌를 리용티 못ᄒᆞ리요 대 며 사룸의 일은 시셰를ᄯᅡᆯ아 ᄒᆞ는것이라 만일 오ᄂᆞᆯ날 우리의 나 라가잇고 졍부가잇스면 참 마음ᄃᆡ로 다ᄒᆞ려니와 이믜 나라도업 고 졍부도 업는바에는 응당 시셰ᄃᆡ로 홀것이라 나는 감히 다시 뭇노니 시방우리는 나라도업고 졍부도 업스니 그러면 우리는 일 반국민으로모다 군ᄉᆞ만드는 쥬의를 그만 못홀것으로 바려두고 다시 실힝ᄒᆞ기를 싱각디 안히ᄒᆞ느뇨

나는 일즉이 가뎡과 학교와 샤회의교육을말ᄒᆞ야 국민으로 다 군 ᄉᆞ되는쥬의를 몌츌혼쟈ㅣ라 이졔당ᄒᆞ야는 이의론이 다 허무혼싸 으로 돌아가고 도무디 실힝홀수가 업게 되엿스나 그러ᄒᆞ나 그윽 히 싱각건ᄃᆡ 이 셰가지 가온ᄃᆡ 그 하나는 과연 실힝홀수가 업거 니와 그 두가지는 가히 실힝홀수가 잇스니 그 한가지는무엇이뇨 곳 학교ㅣ요 그 두 가지는 무엇이뇨 곳 가뎡과 샤회ㅣ라 학교는 원리 딕졉으로 졍부의 감독을밧고 ᄯᅩ혼 딕졉으로 군ᄃᆡ와 련락ᄒᆞ 여야 셩공홀것이라 시방 졍부도업고 군ᄃᆡ도업셔 능히 실힝홀수 가업스며 ᄯᅩ혼 법률샹 관계가잇셔 이것을 함부로 뎌항홀수가 업

스나 그러호나 뎌 가뎡과 샤회교육에 당호야는 이는 얼마침 법률에만 쇽혼것이ː안이라 만일 달은방면으로보면 이는 안젼히 풍쇽에 쇽호엿누니 그런고로 법률의구속은 우리가 가히 면홀수 업스나 그러호나 쏘 이뎌신으로 우리풍쇽의 셰력은 법률쓰는쟈ㅣ 감히 막디못호눈 것이라 사룸의ᄌᆞ유눈 법률이 능히 다 구속호나 오즉 일개인의 ᄉᆞ샹ᄌᆞ유는 쎄앗디못호누니 이는 사룸마다 다 ᄾᅧᆫ연으로ː가진ᄌᆞ유요 쏘혼 이것이 죡히 가뎡과 샤회의풍쇽을 만드는것이라 대뎌 한집안헤안져 얼인아희들과 고담을 니약이호눈것은 어느슌검이 능히 다 금지호며 한무리가모혀 운동으로 작란호눈것은 어느군ᄉᆞ가 다 막으리요 만일 이것을 금지호고 막는날에는 그 속박을 밧는사룸의 챵ᄌᆞ가온뒤 싱기는것이잇누니 이는 소위 ᄌᆞ유심이요 독립셩이요 쏘혼 그 금호고 막는사룸과 영 " 히홈ᄭᅴ화호디 안케호눈 약셕이라 이마음을 실디로 양호면 그 공효가 춍과 칼을 슝샹호눈것보다 더 크다홀진뎌

만일 쏘 샤회교육도 구속을바다 실힝티 못혼다호면 아즉도 가뎡교육은 가히 힝홀지라 사룸의 일평싱관계는 오죽 얼엿슬씨 교육에잇누니 만일 어딘 어마니와 엄혼 아바지가 집에잇셔 그ᄌᆞ녀를 올혼 방법으로 ᄀᆞᄅᆞ치고 무육의졍신을 너허주면 그 엇지 아름답디 안흐리요

말호야 이디경에 닐음이 이글을 쓰는쟈의 마음이 울분홈을 익이지못호야 붓을더지고 척상을ː치우는것은 대개당초에는 학교와 군디를련락호야 국민으로 다 군ᄉᆞ를 만돌쟈호다가 그것을능히

호슈업셔샤회로 말을돌니고 샤회로도 또 엇지호슈업셔 가명으로돌니니이러케ᄒ다가는 졈졈 졸아드러가 필경에는 가명도 호슈업스면그만두쟈홈과 굿홈이라 오호ㅣ라 우리가 과연 그만둠이 가ᄒ뇨 오호 우리가 과연멸망홈이 가ᄒ뇨 오놀날만일 이것뎌것을다돌아보고 이것뎌것을 다관계ᄒ다가는 필경에는 과연 가명교육도실힝치못ᄒ고 말지니 이씨를당ᄒ야도 오히려 젼일에 한번원슈와닷토지못ᄒ것이 후회가될지라 그런고로 니디에잇는 동포들은 응당원슈의칼을 무릅쓰고 샤회의풍긔를 썰치기를 시험ᄒ는것이 가ᄒ거니와 외국에잇는 사람들은 만일ᄌ긔의 몸을 나라에 밧쳐국민이다 군ᄉ되는 쥬의를 실힝치안흐면 이는됴션에 죄인이라 대뎌니디에 동포는 원슈의슈하에 잇셔빙쟈ᄒ것이나 잇거니와 외국에잇는 사람들은 그 쟝ᄎ무엇을 빙쟈ᄒ이오 만일의식이 업셔못ᄒ다ᄒ면이는것즛말이오 만일ᄌ유가업셔 못ᄒ다ᄒ면 이는거즛말이오 또흔 만일 군긔와 병셔가업셔 못ᄒ다ᄒ면 이것도 거즛말이오 다만마음이업고 욕심이업고 또 나라망ᄒ줄은 알아도 회복ᄒ줄은 몰으고 나라를 사랑ᄒ는마음은 잇스되 그마음을 쓰기를 슬혀홈이니통이언지ᄒ면 다 ᄌ포ᄌ긔ᄒ는 쓰지못ᄒ 버릇이오 그즁에과연업는것은졍부와 군듸가업셔 감독ᄒ고 련락ᄒ올곳이 업슬쑨이라 외국에잇는사람들이라도 오히려 다 용셔ᄒ슈가잇스나 그러ᄒ나 오즉북아미리카 대륙과 하와이 군도에잇는 됴션사람들은 더욱그칙임이 잇ᄂ니 이는모든졍형이 달은나라에 잇는사람보다 빅비쳔비나 낫고 또혼 ᄌ유를슝샹ᄒ는 나라의 동등으로 ᄌ유를눌이는ᄭᄃᆰ이라 아모커나 오날부터라도 임의 의론호바를 실힝호기 위호야 위션 아메리카와 하와이 동포에게 특별히 고호며 쏘호달은나라에잇 눈 동포들에게 부탁호노니 오놀이비록 위험호나 그러호나 아즉 도우리각사롬으로 호여금 한 군인을만들 기회는 잇눈것이라 경 부가 비록업스나 이것을 안히호지 못홀것이오 학교가 비록업스 나 이것을 그만두지못홀것이라 그럼으로 나는 다시한번시셰와 정형을 짤아 쳐음이오 쏘 마즈막으로 두어가지 슈단을 말호야 그실힝홀 방편을 의논호건디

첫지는 단톄의군ᄉ교육이니 시방 븍아메리카와 하와이는 우 리 동포가 각쳐에 거류디를 뎡호야 한곳에 각〃 슈십명으로 빅여 명의 사람이 잇슨즉 만일여긔셔 각〃군디에 형식을 조 직호고 무예슝샹호는 풍긔를열어 일호거나 공부훈 남어지 시 간에조련도호고 사역도시험호야 쇼디조련으로 듕디조련ᄭ지 만 가면대개군디의 활동호는 법을 알지라 이러케 시험호야 얼맛동안 셰월만허비호면 완연히젼일의 틱도를변호야 각〃다 군인의긔빅이 들어갈지니 이 엇지아름답지 안흘이오 그러호 나 이것을호쟈호면응당만져 각거류디에셔 쟈티졔도를 실힝호 야 법령을 만돌어 가지고 그법령을 실힝호고 복죵훈 연후에 셩공홀지라 이것이 비록 쉽지안훈일이나 그러호나 군디는원 리 위엄과 법령으로셩립되는것이라 만일이것을 안히호면 딜 셔가 문란호야 아희들의 작란으로 돌아가고 말지며 쏘쟈긔들 이 만든법을 쟈긔들이복죵치안흐면 이는원리 법률에셔 버셔

나눈 도적과 갓흘쑨더러그런 빅셩에게논 다문달은사룸이 한
손에법을 만돌어가지고 한손에 곤댱을들고와셔 억지로 그법
을 머리우헤 씨워야 비로소 복죵ᄒᆞ눈법이라 오호ㅣ라 이졔세
샹에 문명한 빅셩들은 ᄌᆞ긔가만들지안흔 법률밋헤 사논것은
다믄스스로 붓쓰럽게 녁일쑨안이라 곳죽기보다 더슬혀ᄒᆞᄂᆞ니
만일남이와셔 곤댱을 가지고 법률을 쓰게된경우에야 엇지독
립홀만흔 빅셩이라홀이오

둘지논 개인의군ᄉᆞ교육이니 만일단톄로 국ᄉᆞ교육을 베풀지못
홀경우에논 가히개인이 각〃공부홀지라 쳥컨디볼지어다 군산
에셔 병서를닑든쟈논 륙방옹이 안힌가 남양에서 형익도를그
린 쟈논 제갈량이 안힌가 션븨가 강개혼ᄯᅳᆺ을 먹음고 ᄌᆞ긔의
한조각몸을 국가에 유조ᄒᆞ게 쓰고져ᄒᆞ면 그예비가 응당쉽지
안흘지라하물며 시방시디논 견징의슐법이 이샹ᄒᆞ야 ᄌᆞ긔가친
히 슈족으로 군인의 ᄉᆞ역을 련습ᄒᆞ고 친히 졍신으로 병학의
리치를ᄭᆡ닷지못ᄒᆞ면 능히텬하에 나셔셔 군ᄉᆞ샹일을 의론치
못ᄒᆞᄂᆞ바ㅣ 엇지ᄒᆞ로아츰에 우연히 대장단에 올으게 될리오

미일한두시간의 결을〃빌어 손에병셔를 들고 벽상에 칼을걸
고 외로온 등불알헤 죵용히안졋스면 그흥티가 응당 호긔쓰럽
고 쾌홀쑨더러 만일병학의 자미를 자자들어가면 ᄌᆞ연강개흔
마음이 챵ᄌᆞ를 흔들어 나의 한몸으로ᄒᆞ여금 구챠히살기를 싱
각지안흘 것이오 ᄯᅩᄂᆞᆫ 쳥텬빅일하에 엇지나의원슈와 홈긔살
니오 ᄒᆞᄂᆞ마음이동홀지라:이것을가지고 뎌초목과갓치 썩논 고

린션비와 무심혼졸댱부와 비교ᄒ면 그일평싱ᄉ업이 엇더ᄒ뇨

단톄의 군ᄉ교육은 보통을쥬댱ᄒ야 사ᄅᆷ마다 다 군ᄉ샹일에 셔틀으지 안키를 발아ᄂᆞᆫ것이나 개인의군ᄉ교육은 특별혼것을 쥬댱ᄒ야 렬둥에 징″혼쟈를 엇기를 긔약홈이라 오ᄂᆞᆯ이라도 원슈와 칼날을 사괴ᄂᆞᆫ경우에ᄂᆞᆫ 총을메고 명령을 들을군ᄉᄂᆞᆫ 모집ᄒ기가 용이ᄒ나 그러ᄒ나 그군ᄉ를 모혼후에 칼을잡고 지휘홀쟝슈를ː엇기ᄂᆞᆫ어려운일이라 나ᄂᆞᆫ원컨디 차랄히 단톄의 군ᄉ교육은 흔히보지못홀지라도 개인의교육은 더욱수효가 많기를 바라노라

이ᄀᆞᆺ치 말ᄒ고보미 의론이 쏘 졸아들어 의연히 앗가 학교교육으로 가뎡교육ᄭᅡ지 날여온것 ᄀᆞᆺᄒ나 이는 언론이 갓디안코 의미가 달은것이라 시방은 다시 단톄교육과 개인교육의 분별을타파ᄒ고 일반동포에게 은근히 고ᄒᄂᆞᆫ것은 다만 이젼 무부들ᄀᆞᆺ치 부허혼 긔운을 슝샹티말고 맛당히 도뎌히 병학을연구ᄒ야 실력을양셩홈이라 이젼 동양풍쇽은 흔히 장담이나 잘ᄒ고 긔기나불이고 슉긔나 됴흔톄ᄒ면 다 무부ㅣ라ᄒ엿스나 오ᄂᆞᆯ날 군인은 그것을 슝샹티안코 다만 그 학문과 디용을보ᄂᆞᆫ것이라 이글을 쓰ᄂᆞᆫ사ᄅᆷ이 일즉이 친고들도디ᄒ야 말ᄒ고 쏘혼 신문에도 한번 론란혼바ㅣ 잇스나 그러ᄒ나 ᄒᆞᆼ샹 귀에 셔틀으게들니고 마음에 답″혼것은 우리나라사ᄅᆷ이 흔히 일시의 고동되ᄂᆞᆫ마음으로 긔기가동ᄒ야 말ᄒ기를 왜놈과 싸호ᄂᆞᆫ날에는 나도 총 한가지메고 나간다ᄒ며 쏘혼 왜놈이 한방노ᄒ면 나도 한방노코 고기ㅅ갑을ᄒ고 죽ᄂᆞᆫ다ᄒ나그

러ᄒ나 첫지는 웨 왜놈과 싸홈되기를 기다리기만ᄒ고 ᄌ긔가 싸홈을 만들기를 경영티안ᄒ며 둘지는 총을메고 나가고져ᄒ는 싱각은 고마우나 그러ᄒ나 만일 참으로 나가고져ᄒ면 응당 쥰비ᄒ는 것이 잇슬것이어놀 쥰비는 한시도 ᄒ디안코 나가기만ᄒ다는것이 실업슨 말이요 솃지는 셜령 총을메고 나가는 디경이라도 그곳에 나온사름은 다 젼일에 실업슨 말들ᄒ든 사름이라 일즉이 손으로는"억게총""셰워총"도 공부ᄒ디 못ᄒ엿고 발로는"좌향좌""우향우"도 련습디못ᄒ 군인일터인즉 그쎄를 당ᄒ야는 군디는 엇더케 조직하고 군령은 누ㅣ가 맛흐리오 비록 한두사름이 잇셔 군ᄉ샹 디식이 잇다ᄒ여도 그사름이 결단코 홀로 스스로 대디쟝 듕디쟝 쇼디쟝의일을 다 보디못홀터인즉 만일 뎍병과 한번 싸호고져ᄒ면 불가불 군디를 조직ᄒ기만 위ᄒ야 반년은 허비홀지니 이는 소위 목 말은후에 비로소 우물을 파고져홈이요 넷지는 사름마다 모다 쉬운말로 일인과 고기ㅅ갑을ᄒ고 죽는다ᄒ니 대뎌 일인은 몃십년을 련습ᄒ 로련한 샹비병이요 우리는 하로아츰에 모힌 오합지등이라 로련한군ᄉ가 결단코 오합지등으로 더브러 고기ㅅ갑을 ᄒ여줄 리치도 업거니와 셜ᄉ ᄒ여준다 홀지라도 우리인구는 대개 이쳔만이요 일인의슈효는 거의 륙쳔만이니 만일 우리가 다 고기ㅅ갑만ᄒ고 죽으면 일인은 아즉 삼쳔여만명이 잇스니 됴션은 응당 일인의 됴션이될것이요 셜령 우리가 일인을 다섯씩만 죽여도 아즉도 됴션은 일인의 됴션이라 그런고로 만일 됴션의강산을 회복ᄒ고 일인의 셤조각을 맛보고져ᄒ면 응당 한 사름이 왜놈여셧을 디뎍ᄒ기젼에는 되디안흘지라 이ᄀ치 연구ᄒ고보면

우리몸이 얼마침 갑어치잇눈것도 가히 알녀니와 쏘흔 우리가 얼마나예비ᄒ여야 홀것을 알지로다

오호ㅣ라 가뎡교육이여 샤회교육이여 오호ㅣ라 단톄교육이여 개인교육이여 말을 쟝ᄎᆞ 그치고져ᄒᄆᆡ 슈심스러운 구름이 다시 마음을 가리우도다 아모커나 너의 신톄를 말다리에ᄊᆞ라 ᄒᄂᆞᆫ것은 우리 아번네와 우리 할아번네의 오쳔년 뎐ᄒᆞ야오든 됴션국혼이라 됴션ᄉᆞ나희의 셩질을가진쟈ㅣ 누ㅣ감히 ᄌᆞ긔의 부보국을위ᄒᆞ야 몸을 드리디안ᄒ리요 만일 그러치안ᄒ면 황텬이 응당 그쯧을 금ᄒᆞ실진뎌

부록[附錄]
영미량국의 ᄋᆞ동군[英美兩國之兒童軍]

국민으로ᄒᆞ여곰 다 군ᄉᆞ만드는 교육은 ᄉᆞ년젼[一千九百八년]브터 영미량국에 실ᄒᆡᆼᄒᆞ엿스니 이것은 비록 졍부의 명령으로 셩립ᄒᆞᆫ바ㅣ 안히요 ᄯᅩᄒᆞᆫ 정부의 관할을 딕졉으로 밧디안는것이나 그러ᄒᆞ나 문명ᄒᆞᆫ나라는 원뢰 샤회의셰력이 정부에서 못디안흔고로 이는 샤회에서 쥬션ᄒᆞ야 ᄯᅩᄒᆞᆫ 샤회에서 유디ᄒᆞ는 것이라 우리가 이믜 말ᄒᆞᆫ바의 쥬의와 달음이 별로업고 ᄯᅩᄒᆞᆫ 실디로 먼져ᄒᆡᆼᄒᆞ는 쟈의 일ᄒᆞ는계도에 샹고ᄒᆞᆯ것이 만흔고로 이에 그 긴요ᄒᆞᆫ 강령을 들어 이ᄎᆡᆨ에 부치노라

ᄋᆞ동군을 조직한 취지

[ㄱ] 영국ᄋᆞ동디의취지

쳔고의 력ᄉᆞ를거슬너 한나라의 흥망을 보건디 이급과 희랍과 라마와 셔반아와 하란과ᄀᆞᆺ흔 큰 데국들이 마ᄎᆞᆷ니 슯흔가을을 당ᄒᆞᆫ 것은 원인이 다 됴흔빅셩이 업셔지고 활발ᄒᆞᆫ 이국심이 쇠잔ᄒᆞ여진 ᄶᅢ둙이라 그 원인이 아즉도 멀니ᄯᅥ나디안코 다시 오놀셰계에 단이며 일ᄒᆞ느니 이는 우리로ᄒᆞ여곰 마ᄋᆞᆷ과 눈에 한 경계를주어 너무 병들기젼에 구원케ᄒᆞᆷ이라

나는 시방 우리가 발셔 망ᄒᆞ는디경으로 빠져들어가 아조 엇지ᄒᆞᆯ 수업는경우에 당ᄒᆞ엿다ᄒᆞᆷ이안이라 그러ᄒᆞ나 우리가 거의 문명명도에 극도에올나와 다시 그 극도를넘어 불구에 날여가는길을 잡을가 근심ᄒᆞᆷ이라 한나라에 됴흔빅셩을 만들어니고져ᄒᆞ면 맛당히 얼인ᄋᆞ희들로브터 시작ᄒᆞᆯ지니 대뎌 ᄋᆞ희들은 십ᄌᆞ가 큰거리에나 셔 방향을 찻는것과갓하 만일 동셔로 향ᄒᆞ디안흐면 남북으로 향ᄒᆞ고 만일 됴흔길로 가지안흐면 곳 악흔길로 들어셔는 두가지뿐이라 한나라의 빅셩의직업이 하나뿐이안힌고로 혹 죵교쥬의를젼력ᄒᆞ야 인심이 도덕을 비양ᄒᆞ고 혹 샤회쥬의를 고동ᄒᆞ야 인민의 고락을 평균히 ᄒᆞ고져ᄒᆞ나 그러ᄒᆞ나 나는 특별히 나의쥬의와 계획을 인도ᄒᆞ야 쟝ᄎᆞ 강장흔국민을 만드는디 죵ᄉᆞᄒᆞ노니 이는 ᄋᆞ희들이요 이는 쇼년들이라 나는 싱각건디 ᄋᆞ희들이 ᄌᆞ긔몸에 스스로 됴티안흔것을 ᄒᆞ는것은 ᄌᆞ긔나라에 됴티안흔것보다 더악ᄒᆞ다ᄒᆞ는바ㅣ니 이는 오놀날 역국에 ᄋᆞ동디를 조직ᄒᆞ야 당시에 시쟝막을열고 쟝릐에 됴흔국민을 요구ᄒᆞᆷ인뎌

〔영국륙군디쟝쎄든ㅣ파우엘〕

〔ㄴ〕 미국ᄋᆞ동디의취지

빅년젼에는 아메리카에 어ᄂᆞᄋᆞ희든지 흔히 농쟝에셔싱댱ᄒᆞ야 뎐연흔학식과 실디의경력으로 말타기와 춍쏘기와 얼음지치기와 달음질ᄒᆞ기와 헤음치기와 산양ᄒᆞ기를비와 신톄가강건ᄒᆞ고 쏘 집에

셔는 도덕의 교육을바다 어른을 공경ᄒᆞ며 부모에게 복죵ᄒᆞ며 쏘 한 여러가지 아름다운 덕이잇셔 이 나라를 만들엇더니 일빅년이 겨우지난후에 불힝히 셰샹이변쳔ᄒᆞ고 풍속이쇠잔ᄒᆞ야 ᄋᆞ희와 어른을 믈론ᄒᆞ고 다 한가지 특별한 싱이로만 죵ᄉᆞᄒᆞ야 적은지조를 슝샹ᄒᆞ고 달은ᄉᆞ믈에는 눈을감으니 이는 우리국가운명의 불힝이라 오놀날 ᄋᆞ희들을 비교ᄒᆞ야보면 그 신톄의강약과 셩질의 도덕이 그 비교가 엇더ᄒᆞ뇨

여러가지 관계를 다 믈론ᄒᆞ고 다만 ᄋᆞ희들의 교육이 국가흥망의 딕ᄒᆞ야 엇더한것을보건디 녯적에 라마뎨국이 강셩홀찌에는 젼국에 사름이 다 군ᄉᆞ요 다 무부ㅣ러니 그 망ᄒᆞ든날에 당ᄒᆞ야는 오즉 몃몃사름외에는 빅만명 인민이 하나도 군ᄉᆞ를 알디못ᄒᆞ고 싸홈을 알디못ᄒᆞ엿스며 쏘 영웅호걸의 슝샹ᄒᆞ는 덕이 문허져 무예가 업셔짐으로 마ᄎᆞᆷ닉 라마뎨국은 망ᄒᆞ는싸헤 써러졋도다

나는아메리카를 보건디 아희와 쇼년들의 작란ᄒᆞ는바 공을티고달음질ᄒᆞ는것이 귀ᄒᆞ지안흔바ㅣ 안히로다 나는그보다 더유조ᄒᆞ고 더완젼한 졔도를:아희들에게 인도ᄒᆞ고져ᄒᆞ야 이에아동군을 조직ᄒᆞ노니 발셔이지의알헤 일흠을붓친쟈ㅣ 십여만명이라 쟝ᄎᆞ 젼국의아희들을 다 모라이화로안에셔 만돌어늬기를 긔약ᄒᆞ노라

     (미국 아동군 발기인)   어네스트 탐슨 셋튼

二. 아동군의 조직

〔一〕 아동군 총댱이니 미국 아동군 각군듸의 가쟝놉흔어론

〔二〕 아동군 디방총댱이니 각쳐에 디방듸를 조직ᄒ고 그디방안에 잇ᄂᆞ각군듸를 검샤ᄒᄂᆞᆫ 권리를 가진쟈

〔三〕 아동군감독이니 한디방아동군을 관할ᄒ야 두분듸이샹을거놀인쟈

〔四〕 부관이니 아동군감독을 도아쥬ᄂᆞᆫ쟈

〔五〕 아동군목ᄉㅣ니 군듸에 목ᄉ의 직분을힝ᄒᄂᆞᆫ쟈

〔六〕 분듸댱이니 아동군감독이 스스로쑐아 한분듸를 관할ᄒ되 한 분듸는 아희여섯이나 여듧으로 셩립된것이라 만일 아동군듸에 모든일을 확실히알아 아희들을 가ᄅ치지 못ᄒᄂᆞᆫ쟈는 분듸댱이 되지못홈

〔七〕 오댱(五長)이니 아희들즁에서 분듸쟝이 스스로쑐아 조긔를 도읍게ᄒ며 만일조긔가 유고홀ᄯᅢ에ᄂᆞᆫ 오쟝이분듸를관할홈

〔八〕 아동군의 ᄉ졸이니 나흔이십셰 이샹으로 십팔셰ᄭᅡ지 한ᄒ되 그즁에 일등 이등 삼등으로 분별ᄒ야 조직홈

　〔ㄱ〕 일등병은 아동듸의 요구ᄒᄂᆞᆫ바 무슨것이던지 다치루어 확실히셩공혼쟈

　〔ㄴ〕 이등병은 요구ᄒᄂᆞᆫ바의 슈군시험을치룬쟈

(ㄷ) 삼등병은 쳐음으로 아동군에 들어와아모것도아지못ㅎ는
쟈 만일필요ᄒᆞᆫ경우에는 나희아홉살만 되엿셔도 이등급에참
예홈을허락홈

〔九〕 군법의회ㅣ니 이는아동군감독과 두분디쟝으로 셩립된것이
오 만일분디가 하나만 셩립된경우에는 그분디쟝과 오쟝으로
셩립ᄒᆞ나니 이는샹쥬는것과 벌쥬는것과 밋일톄군ᄉᆞ를의론홈

그러ᄒᆞ나 아동군 젼톄의 조직을 말ᄒᆞ쟈면

쳣지는 아군총댱

둘지는 군ᄉᆞ의회,,,,각디방에 유명ᄒᆞᆫ사롬들과 아동군감독과 각단
톄의〔학교 쳥년회 쥬일학당갓흔것〕대표쟈와 쏘일반인민등에
특별히 아동교육에 유지ᄒᆞᆫ쟈로 셩립ᄒᆞ야 디방위원을 권고ᄒᆞ
고쏘의회와 총댱이 디방총댱을쏩아 일변으로는 의회의 셔긔
ᄉᆞ무를보ᄀᆡ 일변으로는 각디방을검샤ᄒᆞ는 직쳑을맛ᄒᆞ보게홈

세지는 디방위원들,,한져자나 한촌이나 그럿치안흐면여러촌락
을합ᄒᆞ야 한위원회를 조직ᄒᆞ고 아동군감독을 도아군디의 발
달홀일을 의론ᄒᆞ며 쏘기등에서 디방셔긔를 한사롬쏩아 각양
문부를간슈ᄒᆞ고 쏘디방총댱에게 보고홈

네ᄉᆞ지는 군단,,세분디 이샹으로셩립

다셧지는 분디,,여셧이나 여덟아희로셩립

여셧지 ᄉᆞ졸,,아홉이나 연두살 이샹으로 열여덟살 이하 아희들

三. 아동군감독의권한

아동군감독은 아동군을 쇼모ᄒᆞᄂᆞᆫ 권리가 잇스며 쏘ᄒᆞᆫ그들을디방 위원에게 쳔거ᄒᆞ야 그 공로와 샹급을 밧게ᄒᆞ며 쏘ᄂᆞᆫ그듕에 잘못 ᄒᆞᄂᆞᆫ쟈ㅣ잇스면 아동군듸의 법률을 의지ᄒᆞ야 그샹픠와 훈쟝을쎅 앗고만일즁대ᄒᆞᆫ ᄉᆞ건에ᄂᆞᆫ 그군듸에셔 일홈ᄭᆞ지 돌여ᄂᆡᄂᆞᆫ 권리가 잇슴

그러ᄒᆞ나 만일그이의 판결이 공변되지못ᄒᆞ야 그벌을 당ᄒᆞᆫ쟈 ㅣ 억울ᄒᆞᆫ마음이 잇ᄂᆞᆫ경우에는 가히그ᄉᆞ건을 디방위원에게 호쇼ᄒᆞ야 거긔셔 판결ᄒᆞᄂᆞᆫ것으로 마즈막지판으로알일

아동군의힝위가 부졍ᄒᆞ던지 혹 군듸에셔 도망ᄒᆞ야 군긔를문란케 ᄒᆞ쟈는 군복과 군쟝을몸에걸지 못ᄒᆞ게홈

아동군감독은 어ᄂᆞ아희든지 다가히아동군으로 ᄲᅩᆸ으되 만일그아 희가일즉이 어ᄂᆞ단톄에 쇽ᄒᆞ얏스면 응당 그단톄의 쥬쟝ᄒᆞᄂᆞᆫ사ᄅᆞᆷ 의허락을 들어군듸에 일홈을부칠일

아동군감독은 ᄌᆞ긔군듸의 분듸쟝을 ᄲᅩᆸᄂᆞᆫ권리가잇스되 이ᄂᆞᆫ 대개 일년을 한뎡ᄒᆞ고 ᄲᅩᆸᄂᆞᆫ것이라 그러ᄒᆞ나 그동안만일 그분듸쟝을태 거ᄒᆞ거나 교환ᄒᆞ고져ᄒᆞ면 이것도 ᄌᆞ긔마음듸로ᄒᆞ고 쏘ᄒᆞᆫ 분듸쟝 을오쟝이나 ᄉᆞ졸로다시 나려보ᄂᆡᄂᆞᆫ권리도잇슴

四. 아동군의계명

무긔를 슝샹ᄒᆞ는쟈는 온셰계를 통ᄒᆞ야 글로쓰지안흔텬연흔 법률이잇셔 그법률의 속박을밧는것이 다른법률에서 못ᄒᆞ지안흐니 이는샹고시디브터 듕고를지나 오ᄂᆞᆯᄭᆞ지 나려오는것이라그런고로

일본은"부시도"(무ᄉᆞ의도ㅣ라흠이니 일인이 말ᄒᆞ기를"히도와 부시 하나와사구라"ㅣ라ᄒᆞ는것은 일본의 국혼이라ᄒᆞ니이는花則櫻人則武士를 번역ᄒᆞ야 사름은 무ᄉᆞㅣ오 ᄭᅩᆺ은 잉도ㅣ라 이는일본의 혼이라홈이라)가잇고 구라파에는 무ᄉᆞ와협긱의 풍속이잇고 기외에 아메리카토죵과 인도국 토죵에게 이러한 풍속이 샹고브터 뎐ᄒᆞ여오는것이 잇는바ㅣ라

이알헤 긔록흔법률은 곳아메리카 아희들의 평싱의계명이니 이는일본의 무ᄉᆞ도도 안히오 구라파의 협긱의 풍속도 안히요 다만 한글ᄌᆞ로 말ᄒᆞ기를

예비하라

흠이니 이는 너희마음을 예비ᄒᆞ고 너의몸을 예비ᄒᆞ야 너의 한 편싱의 직분을다ᄒᆞ라홈이라

첫ᄌᆡ 마음으로 예비홀것은 너의몸을 무슨일에든지 쓰기를 예비ᄒᆞ야 무슨경우나 무슨불힝흔일이 압헤당홀것을 싱각ᄒᆞ며 ᄯᅩ흔 그런경우를 당ᄒᆞ야 그당ᄒᆞ는 그시간에 엇더케 홀것을알라홈

둘지 몸을예비홀것은 너의몸을 강건ᄒ게ᄒ고 활발ᄒ게ᄒ야 무슨경우를 당ᄒ던지 그당ᄒᄂ 그시간에 능히ᄒ고십흔것을 실힝홀이만치 예비ᄒ라홈이라

五. ᄋ동군의법률

一 ᄋ동군의명예와 영광은 신실ᄒ것으로 가쟝 아름답게녁임

만일 ᄋ동군이 말ᄒ기를 "이것은 나의명예와 영광에 이러ᄒ다"ᄒ면 이ᄂ 곳 나ㅣ가 엄듕ᄒᄆᆫ셔를 발홈과ᄀ치 나의직분을다ᄒ겟노라 홈이라

그와ᄀ치 만일 ᄋ동군의지휘관이 말ᄒ기를 "나는 너ㅣ가 너의명예와 영광을위ᄒ야 나의명령을 신실히 실힝홀줄을밋노라" ᄒ면 그 ᄋ동군된ᄋ희는 응당 ᄌ긔의 홀수잇ᄂ디로 그 ᄌ능을다ᄒ야 이것을 실힝ᄒ고 아모것도 거역홈이 업게홀일

말일 ᄋ동군이 거즛말을ᄒ거나 지휘관의명령을 분명히 실힝티 안ᄒ면 그는 명예와 영광을 부지ᄒ디 못ᄒᄂ쟈ㅣ라 맛당히 그 군쟝을 ᄲᅢ아셔 다시 차디못ᄒ게ᄒ며 ᄯᅩ흔 그디경에서 더 심ᄒ면 곳 군듸에서 용납ᄒ디못홀일

二 ᄋ동군은 합즁국대통령과 ᄋ동군듸의 지휘관들과 녀희의부모와 녀희의 나라와 ᄯᅩ 녀희의 동모들의게 튱셩을다ᄒ야 샹당

호 직분을 힘훌것이요 쏘는 누구던지 ㅇ동군의 원슈되는쟈와 쏘 혹 ㅇ동군을디호야 됴티안흔말을 호는쟈에게는 적으나크나 믈론호고 응당 굿세게 항거호야 어느디경ㅅ지든지 조긔의 군디를 보호호며 조긔의명예와 영광을 보젼홀일

三 ㅇ동군의직분은 문엇이든지 유조호고 효력이잇기를힘쓰고 쏘 호 놈을 도아주기를 힘쓸일

ㅇ동군디에 쇽호ㅇ희들은 비록 조긔의몸이 위틱호고 조긔의 쏫에 호기가 슬트라도 그 당호일이 만일 조긔의직분이요 쏘 호놈의게 유조호면 맛당히 홀일이라 만일 두가지일을 홈띄만나 어느것을 홀는디 알디못호는 경우에는 응당 스스로물어 "어느것이 나의직분이뇨" "어느것이 다른사룸의게 유조호뇨" 호야 이 두가지에 합당호일을 곳 힘홀것이요 쏘 사룸의 싱명을 구원호고 샹호사룸을 구호야주는것은 ㅇ동군의 어느씨년지 힘홀직분이라 ㅇ동군은 맛당히 어느 사룸에게던지 날마다 됴흔일을 힝호기를 예비홀일

四 ㅇ동군은 어느단톄와 어느샤회의 쇽호것을 믈론호고 어느사 룸의게던지 다 친고가되고 어느동료의게던지 다 형예가될일

만일 한 ㅇ동군디의 군ㅅ된쟈ㅣ 다른동료를 만나거던 그 ㅇ 희를 비록 일즉이 모르는 경우라도 맛당히 인ㅅ호기를 닛디

말고 또훈 그 동료에게 무슨말이던지 먼져말ᄒ기를 부쳐보며 또 혹 그동료가 무엇을원ᄒ던지 요구ᄒ는디로 시힝ᄒ며 결단코 귀ᄒ고 쳔ᄒ고 가멸고 가난훈것을보아 업수히 녁이디말지며 또 ᄌ긔의 동료외의 달은사름을 만나거던 곳 그사름을 일즉이 보고 십고 차져단이든것ᄀᆺ치 반갑게인ᄉᄒ며 그 사름의게 모든것을 관곡히 디졉훌 일

"킴(kim)"이라 ᄒ는것은 힌두사름의 쓰는말이니 이는 "너ㅣ가 온세계의 친고"ㅣ라 훔이라 ᄋ동군은 맛당히 ᄌ긔를위ᄒ야 이 일홈을 ᄌ긔평싱의 불으게되기를 힘쓸지니라

五 ᄋ동군은 례절을슝샹

므릇 ᄋ동군디에 쇽훈쟈는 맛당히 어느사름의게던지 공손ᄒ고 례모잇게 훌것이로되 특별히 부인들과 얼인ᄋ희들과 늙은이와 병신과 한미훈사름에게 더욱 졍답고 공손ᄒ게홀지며 결단코그런이들을 도아쥰공로로 무슨샹급을 밧디말지니라

六 ᄋ동군은 즘싱들의게 됴훈친고가 될일

므슨 즘싱이던지 위험훈 디경을 당훈것을 구ᄒ여주며 또훈 필요훈일이 안히거던 비록 파리한머리라도 죽이지말지니 이는 하ᄂ님의 챵조ᄒ신 물건듕에 하나히라 그러ᄒ나 사름의음식을 위ᄒ야 이것을 죽이는것은 쎳〃한일

七 ᄋ동군은 뎌희들의부모와 뎌희들의 지휘관과 또흔 샹당흔 관원의명령을 두말말고 복죵홀일

비록 나의마음에 합당티 안흔명령을 바닷슬지라도 복죵ᄒ기를 군듸에병뎡과 븨에ᄉ공과 ᄀᆞ치ᄒᆞ야아모말도말고다만 그명령듸로 힝홀ᄯᅡ름이니 이는 ᄌᆞ긔의 직분이요 ᄌᆞ긔의 칙임은 업ᄂᆞᆫ것이라 만일 그명령을 힝ᄒᆞ다가 방희되는 일이잇스면 가히 다시 와셔 물어 쏘 그명령흔듸로 힝흠이니 이는 소위 군듸에셔쓰ᄂᆞᆫ 말에 훈련이라 홈이라

八 ᄋ동군은 맛당히 얼골을 화평ᄒᆞ게 가질일

므슨 경우를당ᄒᆞ고 므슨 명령을 밧던지 맛당히 얼골을 화평히 ᄒᆞ여 가지고 됴흔빗으로 그 명령을 힝홀것이요 결단코 니마를 ᄶᅵᆼ그리고 얼골을 보기실케만들어 목미쓰ᄂᆞᆫ 소아지와 ᄀᆞ치말지며 ᄯᅩ흔 어려운ᄉᆞ역을 ᄒᆞᄂᆞᆫ경우에라도 그 훔픠일ᄒᆞᄂᆞᆫ사름과 골을니여 욕을ᄒᆞ디 못홀지니라

ᄋ동군은 흥상 웃ᄂᆞᆫ얼골을 놈에게 주ᄂᆞᆫ것이 가ᄒᆞ니 이는 나도 깃브고 놈도 깃브게ᄒᆞᄂᆞᆫ것이라 특별히 위험흔디경을당ᄒᆞ야 능히 평화흔 얼골을가지면 이것이 과연 ᄉᆞ나희ㅣ요 댱부라 홀진뎌

九 ᄋ동군듸의 형별

　아름답디 못훈말을쓰고 욕설을 ᄒᆞ눈쟈의형벌은 링슈 한박아지을 그 소믜에 부어주어 그죄를다슬이ᄂᆞ니 이는 삼빅년젼에 영국쟝수 스미트의 쓰던법이라

十 ᄋ동군은 맛당히 돈을모하야 훌일

　어ᄂᆞ아희던지 만일 일젼이젼이라도 잇스면 맛당히 은힝에두어 일후에 궁훌ᄊᆡ에 쓰게훌지며 결단코 놈의게 근심을 끼치디 안케훌 것이요 쏘훈 달은사룸이 어려운디경을당ᄒᆞ야 돈을 요구ᄒᆞ눈경우에는 이것을 가히 그사룸에게 보조ᄒᆞ야 줄것이라

六. 아동군의 교육과 교과

一 아동군의 일반관계
　　　아동군의조직　　군듸의법률
　　　조련과 훈련　　　군제와 군쟝
　　　군듸의 암호

二 야외련습
　　　쟝막치ᄂᆞᆫ법　　풀막치ᄂᆞᆫ법

　　　　풀로자리잣는법　　　불살우는법
　　　　디형을측량ᄒ᎒는법　사름의수효를 얼임치는법
　　　　헤음치는법　　　　길찻는법

三 관찰ᄒ᎒고긔억ᄒ᎒는슐업
　　　　원근의 디형과 졍형을 관찰ᄒ᎒는법
　　　　산천의 안표　　자귀를 쏘ᄉ는법
　　　　암호와 자귀로 ᄌ᎒긔의군듸를짤음　안력을 비양

四 들과 산림에 단니는 슐업
　　　　초목과 금슈의공부와 쏘 그들의셩질
　　　　별을보고 방위를찻는법

五 무긔와의협심
　　　　이젼 의ᄉ 협긔 의 ᄉ젹과힝위
　　　　ᄌ᎒긔욕심만치우지안는것
　　　　용밍　　　　　직본
　　　　ᄌ᎒션ᄉ업　　　흥왕과발달
　　　　튱셩과효도　　녀인에게의협심
　　　　됴흔일에복죵　화평흔틔도
　　　　스스로 긔량ᄒ᎒는마옴과 평싱의 경력

六 싱명을 구졔ᄒᆞᄂᆞᆫ것
　　　불과 물과 즘싱과 불의의 일에셔 싱명을 구ᄒᆞᄂᆞᆫ법
　　　샹ᄒᆞ고 죽게된 사름을 급히구ᄒᆞᄂᆞᆫ법
　　　총과 칼에 샹훈쟈를 치로ᄒᆞᄂᆞᆫ법

七 몸을건소ᄒᆞᄂᆞᆫ슐업
　　　위싱과 건강　　　육신의운동
　　　음식을 죤졀　　　의복을졍결
　　　욕심을 졔어　　　엄슉혼틱도

八 이국심
　　　본국디지　　　본국력ᄉ
　　　국가의이젼영광　조샹브터뎐ᄒᆞᄂᆞᆫ말
　　　히륙군의군긔　　빅셩의직분
　　　총잘놋ᄂᆞᆫ법　　경찰관리를도음

七. 아동군에 들어오고 쏘승츠ᄒᆞᄂᆞᆫ시험

　　〔ㄱ〕삼등병의 군디에들어오ᄂᆞᆫ시험

一 맛당히 아동군의 법률과 암호와 경례를알아야홀일

二 맛당히 국긔의 의미를 투텰히알고 쏘훈이것을 엇더케들고 엇더케디졉홀쥴을 알아야홀일

三 맛당히 노끈을가지고 미듭을밋되 도리미듭이나 반도리미듭이나안경미듭이나 여러가지듕에 네가지를 알아야홀일

四 그다음에논 비로소 아동군에 들어오논밍셔를 엄슉히ᄒ고쏘훈 일홈을 긔록훈후에 군복을닙고 군쟝을차게홈

[ㄴ] 이등병의승차ᄒ논 시험

一 아몰히 젹드라도 한달동안은 삼등병으로 잇던쟈ㅣ라야이등병으로승차홈

二 칼과춍의 상훈사롬을 급히구졔ᄒ고 쳐미여주논법을 디강알아야홀일

三 군듸의암호를 주고밧을줄 알아야홀일

四 이십오분동안에 반마일[일리반가량 을왕반ᄒ거나 그러치안흐면져자에 나가네집 샹뎜을각각 일분동안식 구경ᄒ고 그듕에한 샹뎜에 각죵물건을 벌여노흔것을 분명히셜명 ᄒ기를요구홈

五 십이분동안에 한마일[삼리가량]을달아나기를요구홈

六 셕냥두끼이샹을:허비치말고 밥지어먹을불을 살을일

七 의례히 쓰는그릇을 가지 " 말고 다만완젼치못흔 졔구를가지고 감쳐두기와 고기반근으로 무슨음식을 만돌기를요구홈

八 아몰히젹어도 돈 이십오젼은 은힝에더튝ᄒ기를 요구홈

九 손에륜도를들고 여덜이나 열여셧방위를 능히알아야홀일

　　〔ㄷ〕일등병의시험

一 륙디의 거리로 일빅오십보 가량되는 물을 헤음쳐셔 건너갈일 (만일그아희가 몸이셩치못ᄒ야 물에들어가는것을 의원이 금ᄒ거든 그디신에 팔분동안에한마일을달아나라ᄒ고 쏘그러치안ᄒ면달으게변통ᄒ야 시험홀일)

二 맛당히 돈오십젼은 은힝에잇셔야홀일

三 군디의 암호를 밧고주되 일분동안에 능히열여섯 글ᄌ를 쓰기를요구

四 비를타고가던지 발로걸어가던지 홀로능히 이십오리되는 싸흘왕반ᄒ기를 요구ᄒ여 만일말이나 챠를타고가거던 열다셧마일을왕반ᄒ되 응당지나는길의 산쳔과 슈목과 긴요흔물건을 죠희에긔록ᄒ여 오기를요구

五 사룸의 죽을디경을 구원ᄒ는법을 붓으로쓰되 이알헤 긔록훈 바에셔 그시험밧는 션싱이 졔비로뽑아주어 둘만셜명홀일

불에샹호쟈 물에빠진쟈 말께쩍러진쟈 꼐스에 취호쟈를 엇더케구원호며 쏘얼음께치는법 샹혼사룸 쳐미주는법 갓혼것

六 이알혜 말혼가온디 두가지음식을 만돌기를요구홈

죽스수는것 뎨육지 " 는것 국쓸이는것 톳기가죽을 벗기고쏘 먹게만돌것 시 털을쯧고 먹게만돌것 밀가루를 가지고수제비 를쓰고 쏘혼떡을만돌일

七 디도하나를 주셰히 본후에 그것을 아모렷케나 다시하나 글이 고그디도의 방위를 알도록만돌일

八 도치를가지고 기동이나 셕가리를 하나싹거나 그러치안흐면쇠를가지고 허믜나 광이를하나만돌일

九 디형의 거리와 놉히와 물건의톄량과 수효를 례스로 보고판단 호되 그본디형 본물건에셔 스분지일 이샹이 틀니지안키을요 구

十 주긔의 손으로 가르친 삼등병하나를 불너그삼등병이 과연확 실혼교육을 밧앗는지 시험홀일

八. 아동군의 밍셔

므릇 어느아희든지 아동군디에 들어가는쟈는 손을들고 이알혜밍 셔를 엄슉히말홈

"나는 나의명예와 영광으로 나ㅣ쟝ᄎᆞ 나의 홀수잇ᄂᆞ디로 모든일을 ᄒᆞ기로 밍셔하고 ᄯᅩᄒᆞᆫ 언약ᄒᆞ노니

쳣ᄌᆡ는 나의하ᄂᆞ님과 나의나라에디ᄒᆞ야 나의직분을 다홀일

둘ᄌᆡ는 나의육신외의 모든사ᄅᆞᆷ을 ᄒᆞᆼ상 도을일

셋ᄌᆡ는 아동군의법률과 명령을 복죵ᄒᆞ겟노라"

영인본

『국민개병설』

◉ 광고

션성 비호
업시 영어 눈칙
　　　　　　　　명가금미화五十젼

이 칙은 그 일홈파 굿치 누구던지 영어를 혼즈 비호기에 편리케 씀엿스니 그 안에 잇눈 말은 일용소물에 긴요혼 말쑨이오 우리국문으로 음과 쑷을 쥬셕호엿소오니 영어를 비호고십흔 동포눈 속히사셔보시되 원동과 믹시코에눈 특별히 반갑으로 시힝흘

신한민보샤 고
　　　　　　　　　 빅

◯ 廣告

國民讀本
헌겁외 一元
죠회의 八十錢

一 이칙은 우리나라 력스샹의 득별훈 일을 긔룩ᄒ야 국민을 가라치는 교파셔ᅳ니 국민이 되야는 안이 보디 못ᄒ칙이오

一 이칙은 그 말에 당훈 그림을 편편히 녀허 한번 보면 알기도 쉽고 긔억ᄒ기도 쉽게 되엿소

一 이칙은 국한문으로 씀이고 한문녑헤 눈 국문으로 써 뜻과 혹음을 말의 형셰 틴로 달엇스니 한문을 알면 더욱 편리 ᄒ 것이요 한문을 알디 못ᄒ더라도 슌국문으로 닉려 넑을 수 잇소

一 이칙은 각학교에셔 교과셔로 쓸 것인고로 먹시코와 원동에는 득별훈 갑을 반감ᄒ야 목화나 아화의 일원으로 미화 일원과 굿치 계산ᄒ여 밧음

특별훈 갑을 반감ᄒ야 목화나 아화의 일원으로 미화 일원과 굿치 계산ᄒ여 밧음

신한민보샤 고빅

建國紀元四千二百四十四年四月十日印刷
建國紀元四千二百四十四年五月一日發行

國民皆兵說（附兒童軍）

定價金五十戔

不許複製

朴容萬 著述

發行所　新韓民報社
印刷所　新韓民報社

호되 그분듸형 본물건에셔 스분지일 이샹이 들니지안키을요구

十 주긔의손으로 가릭쳔 삼등병하나를 불너그삼등병이 파연확실

혼교육을 밧앗논지 시험홀일

八 아동군의 밍셔

셔를 엄숙히말홈

므릇 어느아희던지 아동군듸에 들어가는자는 손을들고 이알혜밍

"나는 나의명예와 영광으로 나ー쟝ᄎ 나의 홀수잇논듸로 모

든일을 힝기로 밍셔ᄒ고 또한 언약ᄒ노니

"첫지는 나의하ᄂ님과 나의나라에듸 ᄒ야 나의직분을 다홀일

"둘지는 나의육신외의 모든사룸을 ᄒ상 도울일

"셋지는 아동군의법률과 명령을 복종ᄒ겟노라"

에 괴룩ᄒ여 오기를요구

五 사람의 죽을디경을 구원ᄒ는법을 붓으로쓰되 이알헤 괴룩ᄒ 바에셔 그시험밧는 션ᄉᆡᆼ이 졔비로 썹아주어 둘만셜명ᄒ일

불에 샹훈쟈 물에 ᄲᅡ진쟈 ᄯᅩᆯ쎄ᄯᅥ러진쟈 쎠ᄉᆞ에 취ᄒ쟈들 엇더케 구원ᄒ며 ᄯᅩ얼음에치는법 샹훈사람 쳐미주는법 갓훈것

六 이알헤 말ᄒᆞᆫ가온ᄃᆡ 두가지음식을 만들기를요구ᄒᆞᆷ

죽ᄉᆞ수는것 메육지ᄉᆞ는것 국ᄉᆞᆯ이는것 톳기가쥭을 벗기고 ᄯᅩ 먹게만들것 시 털을ᄯᅳᆺ고 먹게만들것 밀가루를 가지고 수졔비 를쓰고 ᄯᅩᄒᆞᆫᄯᅥᆨ을 만들일

七 도 하나를 ᄌᆞ셰히 본후에 그것을 아모럿케나 다시하나 글이 고 그 디도의 방위를 알도록 만들일

八 도치를가지고 기동이나 셕가티를 하나 ᄶᅡ거나 그러치안ᄒ면쇠 를가지고 허믜나 광이를 하나 만들일

九 디형의 거리와 놉히와 물건의 례량과 수효를 례소로 보고 판단

셜병개민국

감져두긔와 고기반군으로 무슨음식을 만들기를요구ᄒ

八 아몰히적어도 돈 이십오젼은 은힝에더 륙ᄒ기를 요구ᄒ

九 손에륜도를들고 여덜이나 열여셧방위를 능히알아야ᄒ일

ㄷ 일등병의 시험

一 륙디의 거리로 일빅오십보 가량되는 물을 헤음쳐셔 건너갈일
(만일그아회가 몸이셩치못ᄒ야 물에들어가는것을 의원이 금ᄒ거든 그디신에 팔분동안에 한마일을 달아나라ᄒ고 또그러치안ᄒ면 달으게변동ᄒ야 시험ᄒ일

二 맛당히 돈오십젼은 은힝에잇셔야 ᄒ일

三 군티의 암호를 밧고주되 일분동안에 능히열여셧 글ᄌ를 쓰기를요구

四 비를타고가던지 발로걸어가던지 홀로능히 이십오리되는 싸흘 왕반ᄒ기를 요구ᄒ여 만일말이나 챠를타고 가거던 열다셧마일을 왕반ᄒ되 응당지나 논길의 산쳔과 슈목과 긴요ᄒ물건을 쇼회

四 그 다음에는 비로소 아동군에 들어오는밍서를 엄숙히ᄒ고 또ᄒ
일홈을 긔록훈후에 군복을 닙고 군장을 차게홈
一 아몰히 져드라도 한달동안은 삼등병으로 잇던쟈ㅣ라야이등병
ㄴ 이등병의 슝초ᄒᄂᆫ 시험
으로승초홈
二 칼과 총의 샹훈사룸을 급히구졔ᄒ고 쳐미여주는법을 디강알아
야홀일
三 군티의 암호를 주고밧을줄 알아야홀일
四 이십오분동안에 반마일(일리반가량) 을왕반ᄒ거나 그러치안ᄒ
면져자에 나가네집 샹뎜을각각 일분동안식 구경ᄒ고 그등에한
샹뎜에 각죵물건을 벌여 노흔것을 분명히셜명 ᄒ기를요구홀
五 십이분동안에 한마일(삼리가량)을달아나기를요구홈
六 셔냥두귀이샹율: 허비치말고 밥지어먹을불을 살을일
七 의례히 쓰는그릇을 가지ㅅ말고 다만완젼치못ᄒ 졔구를 가지고

음식을 존결 의복을정결

육심을 제어 엄숙훈티도

八 익국심

본국디지 본국력수

국가의이전영광 조샹브터면호눈말

히류군의군긔 빅셩의직분

총잘놋는법 경찰관리를도음

七 아동군에들어오고 쏘승추호눈시험

ㄱ 삼등병의 군디에들어오눈시험

一 맛당히 아동군의 법률과 암호와 경례를알아야홀일

二 맛당히 국긔의 의미를 투털히알고 쏘훈이것을 엇더케들고 더케틱접홀줄을 알아야홀일

三 맛당히 노션을가지고 민음을밋되 도리민듭이나 반도리민듭이나 안경민듭이나 여러가지듕에 네가지룰 알아야홀일

五 무긔와의 협심
　이젼의 ᄉ 협긔의 ᄉ 격과 힝위
　조괴욕심만 치우지 안ᄂ는것
　용밍　　　　　　직본
　조션ᄉ업
　튱셩과 효도　　　 홍왕과 발달
　됴흔일에 복종
　스스로 긔량ᄒᄂ는 마음과　녀인에게의 협심
　　　　　　　　　　　화평ᄒᆫ틔도
六 싱명을 구계ᄒᄂ는것
　불과 물과 즘싱과 불의의 일에셔 싱명을 구호ᄂ는법
　샹ᄒ고 죽게된 사람을 급히구호ᄂ는법
　총파 칼에 샹ᄒᆫ쟈를 치료하ᄂ는법
七 몸을건ᄉᄒᄂ는 슐업
　위싱과 건강　육신의 운동

국민개병설

조련과 훈련 군제와 군장

二 야외련습
  군디의 암호
  쟝막치는법   풀막치는법
  풀로자리잣는법   불살우는법
  디형을측량ㅎ는법   사람의수효를 얼임치는법
  혜음치는법   길찻는법
三 관찰ㅎ고 긔억ㅎ는 술업
  원군의 디형과 졍형을 관찰ㅎ는법
  산쳔의 안모   자귀를쏘ㅅ는법
  암호와 자귀로 적의군디를 쌀음
四 들과 산림에 단니는 술업
  초목과 금슈의 공부와 또 그들의 성질
  별을보고 방위를찻는법

셜병개민국　四七

히 평화훈 얼골을 가지면 이것이 파연 스나희―요 당부라 훌진
뎌

九 ㅇ동군듸의 형벌

아름답디 못훈말을쓰고 육셜을 호는쟈의형벌은 튕슈 훈박아지
을 그 소민에 부어주어 그죄를다솔이느니 이는 삼빅년젼에 영
국쟝수 스미드의 쓰던법이라

十 아동군은 맛당히 돈을모하야 훌일

어느 아희던지 만일 일젼이젼이라도 잇스면 맛당히 은힝에두어
일후에 궁훌씩에 쓰게훌지며 결단코 남의게 근심을 씨치디 안
케훌것이요 쏘훈 달은사룸이 어려운디경을당호야 돈을 요구호
는경우에는 이것을 가히 그사룸에게 보조호야 줄것이라

六 아동군의 교육과 교파

一 아동군의 일반관계

아동군의 조직　　군듸의법률

셜병개민국

비록 나의 마음에 합당티 안흔명령을 바닷슬지라도 복종호기를 군듸에병명과 비에스공과 굿치호야아 모말도말고 다만 그명령되로 힝홀싸름이니 이는 즈긔의 직분이요 즈긔의 칙임은 업눈것 이라 만일 그명령을 힝호다가 방히되눈 일이잇스면 가히 다시 와서 물어 또 그명령호되로 힝홈이니 이는 소위 군듸에셔쓰눈 말에 훈련이라 홈이라

八. 동군은 맛당히 얼골을 화평호게 가질일
무슨 경우를당호고 무슨 명령을 밧던지 맛당히 얼골을 화평히 호여 가지고 됴흔빗으로 그 명령을 힝홀것이요 결단코 니마를 찌 ○그리고 ∴얼골을 보기실케 만들어 목미션 소아지와 굿치 말 지며 또흔 어려운스역을 :호눈경우에라도 그 훔씌일호눈사롬과 골을니여 욕을호다 못홀지니라
○동군은 항상 웃눈얼골을 놈에게 주눈것이 가호니 이눈 나도 깃브고 놈도 깃브게호눈것이라 특별히 위험호디경을당호야 능

온세계의 친고ㅣ라 홈이라 ᄋ동군은 맛당히 ᄌ긔들위ᄒ야 이
일홈을 ᄌ긔평싱의 불으게되기를 힘쓸지니라

五 ᄋ동군은 례졀을 슝상
ᄒ므릇 ᄋ동군되에 속ᄒ쟈는 맛당히 어느사룸의게던지 공손ᄒ고
례모잇게 흘것이로되 특별히 부인들과 얼인ᄋ회들과 늙은이와
병신과 한미ᄒ사룸에게 더욱 졍답고 공손ᄒ게흘지며 결단코그
런이들을 도아쥰공로로 무ᄉ샹급을 밧디 말지니라

六 ᄋ동군은 즘싱들의게 됴ᄒ친고가 될일
므슨 즘싱이던지 위험ᄒ 디경을 당ᄒ것을 구ᄒ여주며 쏘ᄒ 필
요ᄒ일이 안히거던 비록 파리한머리라도 죽이지말지니 이는
하ᄂ님의 챵조ᄒ신 물건둥에 하나히라 그러ᄒ나 사룸의 음식을
위ᄒ야 이것을 죽이눈것은 썻~ᄒ일

七 ᄋ동군은 뎌회들의 부모와 뎌회들의 지휘관과 쏘ᄒ 샹당ᄒ 관
원의 명령을 두말말고 복죵흘일

고 샹훈사룸을 구호야주는것은 ㅇ동군의 어느떠던지 힝홀직분
이라 ㅇ동군은 맛당히 어느 사룸에게던지 날마다 됴흔일을 힝
호기를 예비홀일

四 ㅇ동군은 어느단톄와 어느샤회의 쇽혼것을 물론호고 어느사
룸의게던지 다 친고가되고 어느동료의게던지 다 형뎨가될일
만일 흔 ㅇ동군듸의 군소된쟈ㅣ 다른동료를 만나거던 그 ㅇ회
룰 비룩 일즉이 모르는 경우라도 맛당히 인ㅅ호기를 넛디말고
쏘흔 그 동료에게 무슨말이던지 먼져말호기를 부쳐보며
그동료가 무엇을원호던지 요구호는디로 시힝호며 결단코 귀호
고 쳔호고 가멸고 가난흔것을보아 녁수히 녁이디말지며 쏘 죳
긔의 동료외의 달은사룸을 만나거던 곳 그사룸을 일쥬이 보고
십고 차져 단이든것굿치 반갑게인ㅅ호며 그 사룸의게 모든것을
곤곡히 디졉홀일

「킴(Kim),」이라 호는것은 힌두사룸의 쓰는말이니 이는 「니ㅣ가

二。 군은 합즁국대통령과 ㅇ동군ᄃᆡ의 지휘관들과 뎌희의 부모와 뎌희의 나라와 또 뎌희의 동모들에게 튱셩을 다ᄒᆞ야 샹당ᄒᆞᆫ 직분을 힝ᄒᆞᆯ것이요 또는 누구던지 ㅇ동군의 원슈되는쟈와 또 혹 ㅇ동군을티ᄒᆞ야 됴티안ᄒᆞᆫ말을 ᄒᆞ는쟈에게는 젹으나크나 믈론ᄒᆞ고 응당 굿세게 항거ᄒᆞ야 어ᄂᆞ디경ᄭᅡ지든지 조긔의 군ᄃᆡ를 보호ᄒᆞ며 조긔의 명예와 영광을 보젼ᄒᆞᆯ일

三。 ㅇ동군의 직분은 무엇이든지 유조ᄒᆞ고 효력이잇기를힘쓰고 또 ᄒᆞᆫ 놈을 도아주기를 힘쓸일

ㅇ동군ᄃᆡ에 속ᄒᆞᆫ ㅇ희들은 비록 조긔의 몸이 위틱ᄒᆞ고 조긔의 ᄯᅳᆺ에 ᄒᆞᆨ기가 슬트라도 그 당ᄒᆞᆫ일이 만일 조긔의 직분이요 또ᄒᆞᆫ 놈의게 유조ᄒᆞ면 맛당히 홀일이라 ᄒᆞᆯ는디 알디못ᄒᆞᄂᆞᆫ 경우에는 응당 스스로물어 "어ᄂᆞ것이 나의 직분이뇨," ᄒᆞ야 이 두가지에 합당ᄒᆞᆯ일을 곳 힝ᄒᆞᆯ것이요 또 사ᄅᆞᆷ의 셩명을 구원ᄒᆞ

실힝훌이만치 예비훙라훌이라

五 ○ 동군의 법률

一 ○ 동군의 명예와 영광은 신실훈것으로 가쟝 아름답게녁임
만일 ○ 동군이 말훙기를 ',이것은 나의 명예와 영광에 이러훙다
훙면 이는 곳 나ㅡ가 엄듕훙밍셔를 발훙과 굿치 나의 직분을다
훙겟노라 흠이라

그와 굿치 만일 ○ 동군의 지휘관이 말훙기를 ',나는 너ㅡ가 너의
명예와 영광을 위훙야 나의 명령을 신실히 실힝훌줄을밋노라,훙
면 그 ○ 동군된○회는 응당 조긔의 훌수잇는 터로 그 직능을다
훙야 이것을 실힝훙고 아모것도 거역훙이 업게훌일

말일 ○ 동군이 거즛말을훙거나 지휘관의 명령을 분명히 실힝티
안흐면 그는 명예와 영광을 부지훙디 못훙눈쟈ㅡ라! 맛당히 그
군쟝을 쎅아셔 다시 차디못훙게훙며 또훈 그 디경에셔 더 심훙
면 곳 군듸에셔 용납훙디못훌일

이러호 풍쇽이 샹고브터 뎐호여 오는것이 잇는바—라 이알헤 괴록호법들은 곳아메리카 아희들의 평샹의계명이니 이는일본의 무소도도 안히오 구라파의 협긕의 풍쇽도 안히요 다만 한글즈로 말호기를

예비호라

홈이니 이는 너희마음을 예비호고 너의몸을 예비호야 너의 한 편셩의 직분을 다호라홈이라

○○○○○ 첫지 마음으로 예비훌것은 너의몸을 무숨일에 든지 쓰기를 예비호야 무숨경우나 무숨불힝훈일이 압헤당훌것을 싱각호며 쏘훈 그런경우를 당호야 그당호는 그시간에 엇더케 훌것율알라홈

○○○○○ 둘지 몸을예비훌것은 너의몸을 강건호게호고 활발호게호야 무숨경우를 당호던지 그당호는 그시간에 능히호고십혼것을

아동군감독은 조고군터의 분터쟝을 쌉는권리가 잇스되 이는 대개
일년을 한명ᄒᆞ고 쌉는것이라 그러ᄒᆞ나 그동안만일 그분터쟝을 태
거ᄒᆞ거나 교환ᄒᆞ고져ᄒᆞ면 이것도 조고군음터로ᄒᆞ고 ᄯᅩᄒᆞ 분터쟝
을 오쟝이나 소출로다시 나러보너는권리도잇슴

四 아동군의 계명

무긔를 숭상ᄒᆞ는쟈는 온세계를 통ᄒᆞ야 글로쓰지안혼던연혼
법률이잇셔 그법률의 속박을밧는것이 다른법률에셔 못ᄒᆞ지
안ᄒᆞ니 이논샹고시디브터 둉고들지나 오놀신지 나러오는것
이라그런고로
일본은 "부시도—라홈이니 일인이 말ᄒᆞ기를, 히도
와부시 하나와사구라ᄉ—라ᄒᆞ는것은 일본의 국혼이라ᄒᆞ니이
논花則櫻人則武士를 번역ᄒᆞ야 사람은무소—오 꼿은 잉도—
라 이논일본의 혼이라홈이라] 가잇고 구라파에논 무소와협
긔의 풍쇽이잇고 기외에 아메리카로죵과 인도국 로죵에게

三 아동군감독의 권한

아동군감독은 아동군을 쇼모ᄒᆞ는 권리가 잇스며 또ᄒᆞ그들을 디방위원에게 쳔거ᄒᆞ야 그 공로와 샹급을 밧게ᄒᆞ며 또는그 듕에 잘못ᄒᆞ는쟈ㅣ잇스면 아동군듕의 법률을 의지ᄒᆞ야 그 샹픽와 훈쟝을 쎅앗고 만일즁대ᄒᆞᆫ 스건에ᄂᆞᆫ 그군듕에셔 일홈ᄭᅡ지 돌여ᄂᆡ는 권리가 잇슴

그러ᄒᆞ나 만일그이의 판결이 공변되지못ᄒᆞ야 그 벌을 당ᄒᆞ쟈ㅣ 억울ᄒᆞᆫ마음이 잇는경우에ᄂᆞᆫ 가히그 스건을 디방위원에게 호소 ᄒᆞ야 거긔셔 판결ᄒᆞ는것으로 마ᄌᆞ막 지판으로알일

아동군의 ᄒᆡᆼ위가 부졍ᄒᆞ던지 혹 군듕에셔 도망ᄒᆞ야 군긔들문란케 ᄒᆞ쟈는 군복과 군쟝을몸에걸지 못ᄒᆞᄀᆡ흠

아동군감독은 어느아희던지 다가히아동군으로 ᄲᅩᆸ으되 만일그아희가일즉이 어느단톄에 쇽ᄒᆞ얏스면 응당 그단톄의 쥬쟝ᄒᆞᄂᆞᆫ사ᄅᆞᆷ의 허락을 들어군듸에 일홈을부칠일

첫지는 아군총댱

둘지는 군수의회··· 각디방에 유명훈사룸들과 아동군감독과 각단테의〔학교 쳥년회 쥬일학당갓훈것〕대표쟈와 또일반인민등에특별히 아동교육에 유지훈쟈로 셩립ㅎ야 디방위원을 권고ㅎ고 쏘의회와 총댱이 디방총댱을 쌥아 일번으로는 의회의 셔긔소무를보고 일번으로는 각디방을검샤ㅎ는 직칙을맛ㅎ보게홈

세스지는 디방위원·· 한져자나 한촌이나 그럿치안ㅎ면여러촌락율합ㅎ야 한위원회를 조직ㅎ고 아동군감독을 도아군디의 발달ㅎ일을 의론ㅎ며 쏘긔듕에서 디방셔긔를 한사룸쌥아 각양문부를간슈ㅎ고 쏘디방총댱에게 보고홈

네스지는 군단·· 세분티 이상으로셩립

다셧시는 분티·· 여셧이나 여듧아희로셩립

여셧지 소졸·· 아홉이나 연두살 이상으로 열여듧살 이하 아회들

(七)오댱(五長)이니 아희들중에셔 분티쟝이 스스로쎕아 조긔를 도옵게ᄒᆞ며 만일조긔가 유고ᄒᆞᆯ때에는 오쟝이분티를관할ᄒᆞᆷ

(八)아동군의 소졸이니 나흔이십셰 이샹으로 십팔셰신지 한ᄒᆞ되 그중에 일등 이등 삼등으로 분별ᄒᆞ야 조직ᄒᆞᆷ

(ㄱ)일등병은 아동되의 요구ᄒᆞ는바 무슨것이던지 다 치루어 확실히셩공ᄒᆞ자

(ㄴ)이등병은 요구ᄒᆞ는바의 슈군시험을치룬자

(ㄷ)삼등병은 쳐음으로 아동군에 들어와아 모것도아지못ᄒᆞ는쟈 만일필요ᄒᆞᆫ경우에는 나회아홉살만 되엿셔도 이등급에 참예ᄒᆞᆷ 을허란ᄒᆞᆷ

(九)군법의회一니 이는아동군간독과 두분티쟝으로 셩립된것이오 만일분티가 하나만 셩립된경우에는 그분디쟝과 오쟝으로 셩립 ᄒᆞ나니 이는샹쥬ᄂᆞᆫ것과 벌쥬ᄂᆞᆫ것과 밋일톄군ᄉᆞ를의론ᄒᆞᆷ

그러ᄒᆞ나 아동군 젼톄의 조직을 말ᄒᆞ쟈면

셜병개민국

의아회들을 다 모라이화로안에셔 만들어닉기를 긔약ᄒ노라
(미국아동군발긔인) 어네스트 탐손 셋튼

二, 아동군의 조직

(一) 아동군 총댱이니 미국 아동군 각군듸의 가장놉흔어론
(二) 아동군 디방총댱이니 각쳐에 디방듸를 조직ᄒ고 그디방안에 잇는각군듸를 검샤ᄒ는 권리를 가진쟈
(三) 아동군감독이니 한디방아동군을 관할ᄒ야 두분듸이샹을거ᄂᆞ리ᄂᆞᆫ쟈
(四) 부관이니 아동군감독을 도아쥬ᄂᆞᆫ쟈
(五) 아동군목ᄉᆞㅣ니 군듸에 목ᄉᆞ의 직분을힝ᄒᄂᆞᆫ쟈
(六) 분듸댱이니 아동군감독이 스ᄉᆞ로셥아 한분듸를 관할ᄒ되 한분듸ᄂᆞᆫ 아희여셧이나 여듧으로 셩립된것이라 만일 아동군듸에 모든일을 확실히알아 아희들을 가르치지 못ᄒᄂᆞᆫ쟈ᄂᆞᆫ 분듸댱이 되지못ᄒᆷ

른을 물론하고 다 한가지 특별한 셩의로만 죵사하야 적은지조를 슝샹하고 달은스물에 눈을감으니 이는 우리국가운명의 불힝이라 오늘날 으희들을 비교하야보면 그 신톄의 강약과 셩질의 도뎍이 그 비교가 엇더하뇨.

여러가지 관계를 다 물론하고 다만 으희들의 교육이 국가흥망의 되하야 엇더한것을보건티 녯젹에 라마뎨국이 강셩할띠에는 젼국에 사룸이 다 군사요 다 무부—러니 그 망하든날에 당하야는 오쥭 몃몃사룸외에는 빅만명 인민이 하나도 군사를 알디못하고 싸홈을 알디못하엿스며 쏘 영웅호걸의 슝샹하는 덕이 문허져 무예가 업서짐으로 마츰늬 라마뎨국은: 망하눈싸헤 써러졋도다 나는아메리카를 보건티 아희와 쇼년들의 작란하눈바 공을티고 달음질하눈것이 귀하지안한바— 안히로모다 나눈그보다 더유조하고 더완젼한 졔도를: 아희들에게 인도하고져하야 이에아동군을: 조직하노니 발셔이지의알헤 일홈을붓친자— 십여만명이라 쟝ᄎ 젼국

셜병개민국

고락을 평균히 ᄒᆞ고져ᄒᆞ나 나는 특별히 나의 쥬의와 계획을 인도ᄒᆞ야 쟝ᄎᆞ 감쟝호국민을 만드는디 죵ᄉᆞᄒᆞ노니 회들이요 이는 쇼년들이라 나는 싱각건디 이회들이 조긔몸에스 스로 됴티 안혼것을 ᄒᆞ는것은 조긔나라에 됴티 안혼것보다 더악ᄒᆞ다ᄒᆞ는바—니 이는 오늘날 영국에 ᄋᆞ동디를 조직ᄒᆞ야 당시에 시쟝막을열고 쟝리에 됴혼국민을 요구홈인뎌

[ㄴ] 미국 ᄋᆞ동디의 취지

빅년젼에는 아메리카에 어느 ᄋᆞ회든지 흔히 농쟝에셔 싱댱ᄒᆞ야 런 연호학식과 실디의경력으로 말타기와 총쏘기와 얼음지치기와 달음질ᄒᆞ기와 헤음치기와 산양ᄒᆞ기를비와 신톄가 강건ᄒᆞ고 ᄯᅩ 집에셔는 도덕의 교육을바다 어른을 공경ᄒᆞ며 부모에게 복죵ᄒᆞ며 ᄯᅩ 호 여러가지 아름다운 덕이잇셔 이 나라를 만들엇더니 일빅년이 거우지난후에 불힝히 셰샹이변쳔ᄒᆞ고 풍쇽이쇠잔ᄒᆞ야 ᄋᆞ회와 어

마와 셔반아와 하란파굿혼 큰 데국들이 마츰내 쇠혼가율을 당혼
것은 원인이 다 됴흔빅셩이 업셔지고 활발혼 의국심이 쇠잔ᄒ여
진 싸둙이라 그 원인이 아죽도 멀니떠나디안코 다시 오늘셰계에
단이며 일ᄒ느니 이는 우리로ᄒ여곰 마음과 눈에 한 경계를주어
너무 병들기젼에 구원케홈이라
나는 시방 우리가 발셔 망혼 눈디경으로 싸져들어가 아조 엇지홀
수업눈경우에 당ᄒ엿다홈이 안이라 그러ᄒ나 우리가 거의 문명뎡
도에 극도에올나와 다시 그 극도를넘어 불구에 날녀가는길을 잡
율가 근심홈이라 한나라에 됴흔빅셩을 만들어니고져ᄒ면 맛당히
얼인ㅇ희들로브터 시작홀지니 대뎌 ㅇ희들은 십즈가 큰거리에나
셔 방향을 찾는것파갓하 만일 동셔로 향ᄒ다안ᄒ면 남북으로 향
ᄒ고 만일 됴혼길로 가지안ᄒ면 곳 악혼길로 들어셔는 두가지뿐
이라 한나라의 빅셩의젹업이 하나뿐이 안힌고로 혹 종교쥬의를젼
혁ᄒ야 인심이 도덕을 빈양ᄒ고 혹 샤회쥬의를 고동ᄒ야 인민의

부록 〔附錄〕

영미량국의 ㅇ동군 〔英美兩國之兒童軍〕

국민으로ㅎ여곰 다 군ㅅ만드는 교육은 스년젼〔一千九百八년〕브터 영미량국에 실힝ㅎ엿스니 이것은 비록 졍부의 명령으로 셩립ㅎ바ㅣ 안히요 쏘호 졍부의 관할을 딕졉으로 밧디안흔것이나 그러ㅎ나 문명호나라는 원리 샤회의 셰력이 졍부에셔 못디안흔고로 이는 샤회에셔 쥬션ㅎ야 쏘호 샤회에셔 유디ㅎ는 것이라 우리가 이믜 말흔바의 쥬의와 달음이 별로업고 쏘호 실디로 먼져힝ㅎ는 쟈의 일흠는계도에 상고홀것이 만흔고로 이에 그 긴요흔 강령을 들어 ᄯᅳᆨ이 칙에 부치노라

ㅇ동군을 조직흔 취지
〔ㄱ〕영국ㅇ동딘의 취지
쳔고의 력ᄉ를 거슬너 한나라의 흥망을 보건딕 익급과 희랍과

국민개병설

라 됴션스나희의 셩질을 가진쟈ㅡ 누ㅡ감히 조곡의 부보국을 위ᄒ
야 몸을 드리디 안흐리요 만일 그러치 안흐면 황텬이 응당 그 쏫을
금ᄒ실진뎌

셜병개민국

합지둥이라 로련훈군수가 결단코 오합지둥으로 더브러 고기ㅅ갑 을 ᄒᆞ여줄 리치도 업거니와 셜수 ᄒᆞ여준다 홀지라도 우리인구는 대개 이쳔만이요 일인의 슈효는 거의 륙쳔만이니 만일 우리가 다 고기ㅅ갑만ᄒᆞ고 죽으면 일인은 아주 삼쳔여만명이잇스니 됴션은 응당 일인의 됴션이 될것이요 셜령 우리가 일인을 다섯씩만 죽여 도 아주도 됴션은 일인의 됴션이라 그런고로 만일 됴션의 강산을 회복ᄒᆞ고 일인의 섬조각을 맛보고져 ᄒᆞ면 응당 한 사ᄅᆞᆷ이 왜놈여 셧을 터떡ᄒᆞ기젼에는 되디 안흘지라 이곳치 연구ᄒᆞ고 보면 우리몸 이 얼마첨 갑어치 잇는것도 가히 알녀니와 쪼훈 우리가 얼마나 예 비ᄒᆞ여야 홀것을 알지로다
오호ㅣ라 가뎡교육이여 샤회교육이여 오호ㅣ라 단톄교육이여 개 인교육이여 말을 쟝ᄎᆞ 그치고져 ᄒᆞ며 슈심스러운 구름이 다시 마 음을 가리우도다 아모커나 너의 신톄를 말다틔에 싸라 ᄒᆞ는것은 우리 아번네와 우리 할아번네의 오쳔년 뎐ᄒᆞ여 오든 됴션국혼이

흠을 만들기를 경영티 안흐며 둘지는 총을메고 나가고져 흐는싱각
은 고 마우나 그러흐나 만일 참으로 나가고져 흐면 응당 쥰비흐는
것이 잇슬것이어늘 쥰비흐는 한시도 흐디안코 나가기만흔다흐는것이
실업슨 말이요 셋지는 셜령 총을메고 나가는 디경이라도 그곳에
나온사룸은 다 젼일에 실업슨 말들흐든 사룸이라 일즉이 손으로
는 억게총 세워총 도 공부흐디 못흐엿고 발로는 좌향좌 우
향우 도 련습디못흔 군인일터인즉 그씨를 당흐야는 군디는 엇더
케 조직흐고 군령은 누—가 맛흐리요 비룩 한두사룸이 잇셔 군ᄉ
쟝 샹디식이 잇다흐여도 그사룸이 결단코 홀노 대디쟝 둥티
흐면 불가볼 군디를 조직흐기만 위흐야 반년은 허비흐지니 이는
소위 목 말은후에 비토소 우물을 파고져흠이요 볏지는 사룸마다
모다 쉬운말로 일인과 고기ᄉ갑을흐고 죽는다흐니 대뎌 일인은
멋십년을 련습흔 로련흔 샹비병이요 우리는 하로아춤에 모힌 오

이굿치 말ᄒᆞ고 보미 의론이 또 졸아들어 의연히 앗가 학교교육으로 가뎡교육ᄭᅡ지 날여온것 굿ᄒᆞ나 이는 언론이 갓디안코 의미가 달온것이라 시방은 다시 단톄교육과 개인교육의 분별을타파ᄒᆞ고 일반동포에게 은근히 고ᄒᆞ는것은 다만 이젼 무부들굿치 부허ᄒᆞ고 괴운을 숭샹티말고 맛당히 도뎌히 병학을연구ᄒᆞ야 실력을양성ᄒᆞ라 이젼 동양풍속은 혼히 쟝담이나 잘ᄒᆞ고 ᄭᅳ리나 불이고 슉긔나 됴혼데ᄒᆞ면 다 무부—라 ᄒᆞ엿스나 오늘날 군인은 그것을 숭샹티안코 다만 그 학문과 디용을 보는것이라 이글을 쓰는사ᄅᆞᆷ이 일즉이 쳔고들도 티ᄒᆞ야 말ᄒᆞ고 또ᄒᆞ 신문에도 한번 론란ᄒᆞᆫ바— 잇스나 그러ᄒᆞ나 ᄒᆞᆼ샹 귀에 셔틀으개 들니고 마음에 답々ᄒᆞᆫ것은 우리나라 사ᄅᆞᆷ이 혼히 일시의 고동되는 마음으로 ᄭᅴ기 가동ᄒᆞ야 말ᄒᆞ기를 왜놈과 싸호는 날에는 나도 총 한 가지메고 나간다 ᄒᆞ며 또ᄒᆞ 왜놈이 한방 노ᄒᆞ면 나도 한방노코 고기 ᄉᆞ갑을 ᄒᆞ고 죽는다 ᄒᆞ나 그러ᄒᆞ나 첫지는 웨 왜놈과 싸홈되기를 기다리기만ᄒᆞ고 조긔가 싸

외로 온 등불알헤 종용히안졋스면 그훙리가 응당 호피쓰럽고 쾌
홀쁜더러 만일병학의 자미를 자쟈 들어가면 주연강개훈 마음이
챵주를 훈들어 나의 한몸으로훙여금 구챠히살기를 싱각지안홀
것이오 쏘는 쳥뎐벽일하에 엇지나의원슈와 홈피살니오 훙는마
음이 동홀지라：이것을가지고 뎌 초목과갓치 썩는 고린션비와 무
심훈 줄당부와 비피훙면 그 일평싱 수업이 엇더훙뇨
단톄의 군수교육은 보통을 쥬당훙야：사롬마다 군수샹열에
셔를으지 안키를 발아눈것이나 개인의군수교육은 특별훈것을
쥬당훙야 털둥에 졍수훈쟈를 엇기를 긔약훔이라 오놀이라도원
슈와 칼날을 사피눈경우에 눈 총을메고 명령을 들을군수눈모집
호기가 용이훙나 그러훙나 그군수를 모혼후에 칼을잡고 지휘
홀쟝슈를：엇기는어려운일익라 나 눈원컨딕 차랄히 단톄의 군수
교육은 훈히보지못홀지라도 개인의 피육은 더욱수효가 만키를
바라노라

호눈법이라 오호—라 이제셰샹에 문명훈 빅셩들은 ㅈ긔가만들
지안훈 법률밋헤 사는것은 다만 스스로 붓식럽게 녁일쑨이라
곳죽기보다 더슬혀ᄒ느니 만일 남이와셔 곤당을 가지고 법률을
쓰게된경우에야 엇지독립홀만훈 빅셩이라ᄒ리오
둘지는 개인의군ᄉ교육 이니 만일 단톄로 국ᄉ교육을 베풀지못
홀경우에는 가히 개인이 각々 공부홀지라 쳥컨티 볼지어다 군산
에셔 병셔를 넓든쟈는 류방옹이 남양에셔 형익도 룰그린
쟈는 졔갈량이 안힌가 션비가 강개훈 뜻을 먹음고 ㅈ긔의 한조
각몸을 국가에 유조ᄒ게 쓰고져ᄒ면 그예비가 응당 쉽지안홀지
라 하물며 시방시터는 전정의 슐법이 이샹ᄒ야 ㅈ긔가 친히
으로 군인의 소역을 련습ᄒ고 친히 정신으로 병학의 리치를 ᄯ
닷지못ᄒ면 능히 런하에 나셔셔 군ᄉ샹일을 의론치 못ᄒ는바—
엇지ᄒ로 아츰에 우연히 대쟝단에 올으게 될이오
미일한 두시간의 결을 々 비러 손에 병셔를 들고 벽샹에 칼을걸고

명의 사람이 잇슨즉 만일여긔셔 각~군티에 형식을 조직호고 무예슝샹호는 풍긔를열어 일호거나 공부호 남어지 시간에 조련 도호고 사역도시험호야 쇼티조련으로 등티조련서지만 가면대 개군티의 활동호는 법을 알지라 이러케 시험호야 얼맛둉안 세월만허비호면 완연히젼일의 틔도를변호야 각~다군인의긔빅이 들어갈지니 이 엇지아름답지 안호리오 그러호나 이것을호쟈호 면응당만져 각거류디에셔 즈티재도를 실행호야 법령을 만들어 가지고 그법령을 실행호고 복죵호 연후에 셩공홀지라 이것이 비록 쉽지안혼일이나 그러호나 군티눈원리 위엄과 법령으로셩 립되논것이라 만일이것을 안히호면 딜셔가 문란호야 아희들의 쟉란으로 돌아가고 말지며 또즈괴들이 만든법을 즈긔들이 복죵 치안흐면 이눈원리 법률에셔 버셔나는 도적과 갓흘쑨더러 그런 빅셩에게 다 문달은사람이 한손에법을 만들어가지고 한손에 곤당을들고와셔 억지로 그법을 머리우헤 씨워야 비로소 복죵

셜벙개민국

논사롬들이라도 오히려 다 용셔홀슈가잇스나 그러호나 오죽북아
미리카 대륙과 하와이 군도에잇는 됴션사롬들은 더욱그칙임이 잇
느니 이논 모든졍형이 달은나라에 잇는사롬보다 빅비쳔빈나 낫고
또훈 즈유를슝샹호논 나라의 동둥으로 즈유를둘이논션두기라
아모커나 오날부터라도 임의 의론혼바를 실힝호기 위호야 위션
아메리카와 하와이 동포에게 특별히 고호며 또훈달은나라에잇논
동포들에게 부탁호노니 오늘이 비록 위험호나 그러호나 아죽도 우
리각사롬으로 호여금 한 군인을만들 긔회는 잇논것이라 졍부가
비록업스나 이것을 안히호지 못홀것이오 학교가 비록업스나 이
것을 그만두지못홀것이라 그럼으로 나논 다시한번시셰와 졍형을
쌀아 쳐음이오 또 마즈막으로 두어가지 슈단을 말호야 그실힝홀
방편을 의론호건티

첫지논 ○단례의군스교육이니 시방 북아메리카와 하와이논 우리
동포가 각쳐에 거류디를 뎡호야 한곳에 각 ~ 슈십명으로 빅여

보고 이것뎌것을 다 관계ᄒᆞ다 가능 필경에는 과연 가뎡교육도 실행
치 못ᄒᆞ고 말지니 이석를 당ᄒᆞ야도 오히려 젼일에 한번 원슈와 닷토
지 못ᄒᆞᆫ것이 후회가 될지라 그런고로 ᄂᆡ디에 잇는 동포들은 응당 원
슈의 칼을 무릅쓰고 샤회의 풍긔를 썰치기를 시험ᄒᆞ는것이 가ᄒᆞ거
니와 외국에 잇는 사ᄅᆞᆷ들은 만일 죠귀와 몸을 나라에 밧쳐 국민이다
군ᄉᆞ되는 쥬의를 실행치 안ᄒᆞ면 이는 됴션에 죄인이라 대뎌 ᄂᆡ디에
동포는 원슈의 슈하에 잇셔 빙쟈ᄒᆞᆯ것이나 잇거니와 외국에 잇는 사
ᄅᆞᆷ들은 그 쟝춧 무엇을 빙쟈ᄒᆞᆯ이오 만일의 식이 업셔 못ᄒᆞᆫ다 ᄒᆞ면이
눈것 즛말이오 만일 죠유가 업셔 못ᄒᆞᆫ다 ᄒᆞ면 이는 거즛말이오 ᄯᅩ훈
만일 군긔와 병셔가 업셔 못ᄒᆞᆫ다 ᄒᆞ면 이것도 거즛말이오 다문 마음
이 업고 육심이 업고 ᄯᅩ 나라 망ᄒᆞᆫ 줄은 알아도 회복ᄒᆞᆯ 줄은 몰으고
나라를 사랑ᄒᆞ는 마음은 잇스되 그 마음을 쓰기를 슬혀ᄒᆞ니 통이
언지 ᄒᆞ면 다 죠포죠기 ᄒᆞ는 쓰지 못ᄒᆞᆯ 버릇이오 그 즁에 과연 업는 것
은 졍부와 군딕 가 업셔 감독ᄒᆞ고 련락ᄒᆞᆯ곳이 업슬ᄯᅮᆫ이라 외국에 잇

셜병개민국

씨 화ᄒᆞ디 안케ᄒᆞ는 약셕이라 이마음을 실디로 양ᄒᆞ면 그 공효가
춍과 칼을 숭샹ᄒᆞ는것보다 더 크다ᄒᆞᆯ진뎌
만일 ᄯᅩ 샤회교육도 구속을 바다 실ᄒᆡᆼ티 못ᄒᆞ다ᄒᆞ면 얼엿슬ᄯᅥ 교육
교육은 가히 힝ᄒᆞᆯ지라 사름의 일평싱 관곙ᄂᆞᆫ 오죽 얼엿슬ᄯᅥ 교육
에잇ᄂᆞ니 만일 어던 어마니와 엄훈 아바지가 집에잇셔 그 ᄌᆞ녀를
올흔 방법으로 ᄀᆞᄅᆞ치고 무육의 졍신을 너허주면 그 엇지 아름답
디 안흐리요
말ᄒᆞ야 이디경에 닐음이 이글을 쓰는쟈의 마음이 울분ᄒᆞᆷ을 익이
지못ᄒᆞ야 붓을더지고 칙샹을 치우ᄂᆞᆫ것은 대개 당초에ᄂᆞᆫ 학교와 군
틔를 런락ᄒᆞ야 국민으로 ᄒᆞ여곰 군ᄉᆞ를 만들쟈ᄒᆞ다가 그것을 능히ᄒᆞᆯ슈
업셔샤회로 말을돌니고 샤회로 ᄯᅩ 엇지ᄒᆞᆯ슈업셔 가뎡으로돌
너이러케ᄒᆞ다가는 졈〻 줄아드러가 필경에ᄂᆞᆫ 가뎡도 ᄒᆞᆯ슈업스면
그만두쟈ᄒᆞᆯ과 긋ᄒᆞᆷ이라 오호─라 우리가 파연매 그만둠이 가ᄒᆞ뇨
오호 우리가 파연멸망ᄒᆞᆷ이 가ᄒᆞ뇨 오늘날만일 이것더것을다돌아

셜병개민국　　　　八四

여야 셩공홀것이라 시방 졍부도업고 군티도업셔 능히 실힝홀수
가업스며 또훈 법률상 관계가잇셔 이것을 합부로 더항홀수가업
스나 그러호나 더 가뎡과 샤회교육에 당호야는 이는 얼마침 법
률에만 쇽호것이 안이라 만일 달은방면으로보면 이는 안젼히 풍
쇽에 쇽호엿느니 그런고로 법률의 구속은 우리가 가히 면홀수 업
스나 그러호나 또 이터신으로 우리풍쇽의 세력은 법률쓰는쟈—
감히 막디못호는 것이라 사람의 주유는 법률이 능히 다 구속호나
오죽 일개인의 스샹주유는 쎅앗디못호느니 이는 사람마다 다 텬
연으로: 가진주유요 또훈 이것이 가뎡과 샤회의풍속을 만드
는것이라 대뎌 한집안헤안져 얼인아회들과 고담을 니약이호는것
은 어느슌검이 능히 다 금지호며 한무리가 모혀 운동으로 작란호
눈것은 어느군스가 다 막으리요 만일 이것을 금지호고 막는날에
눈 그 속박을 밧눈사람의 창조가온디 싱기는것이잇느니 이는 소
위 주유심이요 독립셩이요 또훈 그 금호고 막는사람과 영〻히 흠

원훈지라 우리 한단톄가 어느쎡를 리용리 못ᄒᆞ리요 대뎌 사람의 일은 시셰를 쌀아 ᄒᆞ는것이라 만일 오늘날 우리의 나라가잇고 졍부가잇스면 참 마음디로 다 ᄒᆞ려니와 이믜 나라도업고 졍부도 업는바에는 응당 시셰디로 ᄒᆞᆯ것이라 나는 감히 다시못노니 시방우리는 나라도업고 졍부도 업스니 그러면 우리는 일반국민으로모다 군스만드는 쥬의를 그만 못ᄒᆞᆯ것으로 바려두고 다시 실ᄒᆡᆼᄒᆞ기를 싱각ᄒᆞ디 안히ᄒᆞᄂᆞ뇨

나는 일쪽이 가뎡과 학회의교육을말ᄒᆞ야 국민으로 다 군스 되ᄂᆞᆫ쥬의를 ᄆᆞ츌ᄒᆞ쟈—라 이졔당ᄒᆞ야는 이의론이 다 허무ᄒᆞᆫ ᄯᅡ으로 돌아가고 도무디 실ᄒᆡᆼᄒᆞᆯ수가 업게 되엿스나 그러ᄒᆞ나 그 욱히 싱각건티 이 세가지 가온티 ᄒᆞ나는 과연 실ᄒᆡᆼᄒᆞᆯ수가 업거너와 그 두가지는 가히 실ᄒᆡᆼᄒᆞᆯ수가 잇스니 그 한가지는무엇이뇨 곳 학교—요 그 두가지는 무엇이뇨 곳 가뎡과 샤회—라 학교ᄂᆞᆫ 원리 딕졉으로 졍부의 감독을 밧고 ᄯᅩᄒᆞᆫ 딕졉으로 군티와 련락ᄒᆞ

여써달은바에는 능히 실힝훌지라 허물며 오늘 됴션국민이 되여
한번싸흠은 죽어도 피티못훌일이요 군ᄉ되는의무는 아모라도
티못훌 이날이리요 그런고로 우리는 다만: 모르는것을 한ᄒᆞᆼ디
지며 또훈 차랄히 영웅이업는것을: 한훌지언뎡 결단코 괴회가 업
엇지 영웅을 만들지라 만일 이러케 싱각디안코 다만 나라업는것
는것을 한ᄒᆞᆼ디 말지라 괴회는 원티 영웅이 만드는것이라 괴회가
만 한ᄒᆞᆼ고 정부업는것만 한ᄒᆞ야 우둑훈히 오독훈히 눈물지며 한
슙쉬고 안져셔 날파밤으로 근심만ᄒᆞ기를 우리졍부가업스니 누가
능히 국민으로 다 군ᄉ를 만들리요ᄒᆞ면 이는 약호아희요 용렬훈
지아비라 감히 뭇노니 그들의 군심ᄒᆞ는바ㅣ 과연 무엇이며 그들
의 걱졍ᄒᆞ는바ㅣ 과연 무엇이뇨 첫지는 응당 군ᄉ교육을 실힝훌
방칙이업는것을 근심훌터이요 둘지는 응당 군ᄉ교육을 실힝훌ᄯᅡ
히 업는것을 한훌터이나 그러ᄒᆞ나 오호ㅣ라 이런디가 아쥭도 광
대훈지라 이몸하나를 어느곳에 용납디못ᄒᆞ며 이셰월이 아쥭도당

국민이다군수되는쥬의와오늘졍형에디ᄒ

야 언론

이우헤 말ᄒᆞ는 바는 우리나라도 잇고 졍부도 잇셔 학교와 샤회와 가
뎡의 교육을 국가에셔 감독ᄒᆞ게 된 연후에야 가히 의론홀것이라 그
러ᄒᆞ죽 오늘날 됴션사롬이 되여 오늘날 됴션에 쳐ᄒᆞ야 이런 의론을
말ᄒᆞ는 것은 오히려 어리셕은 사롬이라 쇼학교 하나를 임의로 셰
우디 못ᄒᆞ는 날에 엇지 대학을 언론ᄒᆞ며 산양총 하나를 ᄉᆞ~로 두디
못ᄒᆞ는 날에 엇지 군긔를 싱각ᄒᆞ리요 그런고로 이우헤 말ᄒᆞ는
비록 하놀과 따를 뒤집고 산과 물을 업치는 슈단이 잇다ᄒᆞ여도 다
글임에 쩍이요 실상으로 힝ᄒᆞ디 못ᄒᆞ디로다 아하 그분ᄒᆞ고 결통
티 안ᄒᆞ뇨
그러ᄒᆞ나 한나라 빅셩으로ᄒᆞ여 곰 진실로 다 군ᄉᆞ를 만들고 져 ᄒᆞ면
다만 우리가 이것을 일죽히 싱각디 못ᄒᆞᆫ것이 안이요 이미 싱각ᄒᆞ

국민개병셜

름이요 교육과 폭동을 일시에 홀싸름이라 오호—라 됴션국은 됴
션사롬의 됴션이안이뇨 가히 어엿브도다 나의 됴션국이요 가히사
랑홀만흐도다 나의 됴션동포들이여

셜병개민국

범파 핑턱에 잠긴롱,은 노릭흘지언뎡 결단코,,반남아,,는불음
이불가ㅎ도다 아하 며 가중ㅎ고 미운 아르랑타령과 또반은
울고 반은곡ㅎ는것갓흔 슈심가는 그 결과— 엇더ㅎ엿느뇨 녯
날의 (예샹우의곡)을 이에 가히 싱각ㅎ겟고 (옥슈후정화)
이에가히 보겟도다 나눈이런음란ㅎ고 더러운노릭는 모다한노
션에묵거 동회로보닉고 다시사쳔년 녯나라에 유신곡을 노틱
ㅎ면‥‥‥

오호—라 말ㅎ야 이에니르미 쟝추 그치고 말녀니와 됴션혼이여
됴션혼이여 오눌날 됴션혼이 어틱잇느뇨 돗딕롤 풀은바다에쓰미
풍파— 망ᄉᄒ도다 비스머리에 콰ᄉ울니눈것이 독립의북이냐 비
ᄉ쇼리에 펼ᄉ날니눈것이 즈유의긔쌜이냐 그러ㅎ나 비는 후바다
밋헤 싸지기도ㅎ고‥혹은‥쏘‥션경에도 니르눈것이라 황금셰계를
어느날 서로보며 태평셩이를 어느씩 눌이리요 감히 쳥ㅎ노니 오
눌 됴션국혼을 불으고 져ㅎ면 무육싸름이요 국민이 다 군소될쌰

이는 오히려 물론호고 나의 친히 지눈 경력으로 말호여도 나
―샹년에 녜브라스카 관립대학에 잇셔 한쥬일동안 야외 련습
을 치루고 마즈막 돌아올씨에 우리의 일대디 이대디로 련디를
편제호고 관병식을 힝호실시 팔빅명 학도가, 밧드러총 호고셔
셔군악티로 경례호를 분후 우리군디의 군가와 미국의 국가를
합호야 불씨에 나눈 마음가온티 놀난물결이 충돌호고 잔등
에 찬됴슈가 왕리호야 털억숏히 모다스스로 올나가물 면치못
호얏스니 이눈비록 됴션국가와 됴션군가눈 안이나 그러호나
한씨의 감축으로 그러훈바―라 아모커나 파연싱긔잇고 참맛
이잇눈 군가와 군악이 안히면 엇지 사룸을 이곳치 감동케 호리
오
하여호야 오늘날 우리국민의 가장큰 흠뎜은 우리의 일뎡호 국
가가 업슴이니∶불가불 이것을 만들어∶대쇼인민이 통히 다알
게 홀것이오 소위민간에 힝호눈 글에라도 차라히, 초산에 안즌

（五）노래와 음악의 신묘홈은 가히두말을 안호고. 다알지라 셕양 턴풀은풀 언덕에 둘씩 셰ㅅ씩 싹을지어 억개를 걸으고 팔을 련호고 오는 뎌 쇼학교 싱도들의 학가와 군가를 셕거불으는 소리를 들으면 그 한업눈 감동이 과연엇더호뇨 그 노래의 웅중훈 것도 평론치 말고 그 곡됴의 한결굿지 안혼것도 웃지말라 이는 가장가히 사랑훌만호고 가장가히 샹줄만훈 단쳥으로도 형용치못훌 묘훈소티라 그런고로 나―일즉히 들으미 년젼에 미국 티평양 합터가 일본을 심방훌씩에 히군쟝졸이 동경에 니르러 신바시 뎡거당에 나리미 무수훈 쇼학싱도들이 나회눈 불과륙칠셰요 입으로눈 겨우 즈모음을 넓을만호나 그러호나 그 항오를 군졔로 숨이고 : 그 경례를 군졔로 「인스」훈후 일만명입의 한목소티로 미국 국가를불너 미국사롭를 환영홈이 쟝슈와 군스―무한히 즐거호야 쑷밧게 : 깃붐을 : 엇〜다호니 일인은 가위손님을 뒤졉훌줄알고 일본은 가위무육국이라 호겟도다

셜병개민국

예수는 사롬을 거룩케ᄒ고져 죽엇스니
우리도 죽쟈 사룸들 즈유ᄒ게
그러나 이것을 이갓치 번역홈이 그ᄯᅳᆺ은대개 번역ᄒ엿스나
그 정신은 온젼히 일흔지라 녑는쟈의 샹고ᄒ기를 위ᄒ야이에
그 본문을 젼례로 긔록ᄒ노라

In the beauty of the lilies,
   Christ was born across the sea,
With a glory in His bossom
   that transfigures you and me,
As He died to make men holy,
   let us die to make men free,
While God is marching on.

이오 이외에도 쳥국에 봉신젼이 잇셔 의화단이 널어나고 영국에〔모험쇼셜〕이잇셔 식민이 날로널어졋스니 이는다 쇼셜의 힘이요 쇼셜이 식힌바—라ᄒ노라

또학문즁의 가장 맛잇고 가장 효험잇는것은 곳시부와운문이라 넷젹에 미국에 남북젼징이 잇슬떠에 북방에 한녀인 문장이잇셔 혹인죵을 즁문셔에셔 쎱아니기를 조과의싱명과 굿치 알고 입으로써 붓으로써 쥬의를 발양ᄒ다가 하로는쳡~티검은밤에 집웅에 올나 북방쟝졸의 딘을발아보다가 시한슈를 지어셰샹에 뎐홀이 그시를넑는쟈— 그쳣구에는 칭찬ᄒ기를 마지안코 그둘지구에눈 혀를쌀이고 그셰ㅅ지와 넷지구에눈 엄슉효긔운이 사람을 엄습ᄒ야 터럭이와 쎠가스스로 동ᄒ고 그마즈막귀에는:혼이업셔지고 녁이업셔져 농히 그글귀를 다닑지못ᄒ고:번~히:셔로보다가 사름사름이 다죽을마음을 품엇스니 이는우리글로 번역ᄒ면

치고기외에도 미국과 셔반아 젼정과 일본과아라사젼졍 당시에 싸홈ᄒᆞᄂᆞᆫ 구름이 아죽도 던디에 사모찻스나 그러나 그 동샤진들은 발셔국등에 편만ᄒᆞ야 그 빅셩들로 ᄒᆞ여금 밧게잇ᄂᆞᆫ군인들의 엇더케 고싱ᄒᆞ고 엇더케 싸홈ᄒᆞᄂᆞᆫ것을 지쳑간에 목격ᄒᆞ게ᄒᆞ야 부지불각에 밋쳔사름ᄀᆞ치 뛰놀게ᄒᆞ야 깃부고 노ᄒᆞᆷ을 곳얼골에 들어나게 ᄒᆞ엿스니 감히못건티 여러분은 이ᄯᅥ를당ᄒᆞ야 엇더ᄒᆞᆫ싱각이 마음에 동ᄒᆞ겟ᄂᆞ뇨 죽ᄂᆞᆫ것을둘 여워ᄒᆞ겟ᄂᆞ뇨 혹사름을 즐겨ᄒᆞ겟ᄂᆞ뇨

(四) 망ᄒᆞᆫ나라의 사ᄀᆡ를 넓으면 효연히 슯허ᄒᆞ고 쟝소의 뎐긔를 넓으면 개연히 감동ᄒᆞᄂᆞ니 글즈에 사름을동ᄒᆞᆷ이 이러ᄒᆞᆫ중에 그 가장힘잇ᄂᆞᆫ쟈ᄂᆞᆫ 쇼셜이라 대뎌딘등에 실디로 경력ᄒᆞᆫ 말이나 젼투의 승부로 평론ᄒᆞᆫ것이나 쟝티의 젼정을 의론ᄒᆞᆫ것은 다 피눈물 애국심으로 모아낫코 졍신과 용잉으로 젼승ᄒᆞᆫ것을보면 누ᅳ감히 펄펄뛰며 ᄒᆞᆫ번즈긔가 친히시험ᄒᆞ기를 싱각지 안흘

셜병개민국

신이라일캇던일과 리슌신이 왜병을 파ᄒ던일과 김응하가 나
무알혜셔 홀로싸호던 일굿혼것을들어 력수샹 영광을 발양ᄒ
며 시작ᄒ기를 웅장ᄒ고 격렬혼노린로ᄒ고 맛치기를 강개ᄒ
고 므르녹은 흥리로ᄒ야 붉은얼골 흰터럭의 거즛면녹으로
그 참모양을 만들어나—면 그졍신의 감격흠이 크고 쪼혼 깁
홀지라 샤회키량의 칙임을 만든쟈— 웨 어셔 시험리안ᄒ리요
(三) 사람의 눈에들어와 마음을 감동케홈은 다만 광대놀음만안
이라 미슐품에 사람을 감동케홈이 쪼혼져지안ᄒ니 여괴당ᄒ
야는 각죵글임과 환등과 활동샤진굿혼것이라 국민의 됴화ᄒ
는마음을 인ᄒ야 그이목의 사랑ᄒ는바로 리롭쎄 인도ᄒ면그
마음에 감동ᄒ기 쉬운것과 간에삭이기 깁흠이 이에셔 지나
가논쟈—업스니 녯젹에 법국이 보로사에게 피혼후에 그국민
이그참혹혼 경샹을글여 각석 단쳥으로 당일의 진경을 만들어
늬여길스거리에 걸미 보논쟈—모다 이동ᄒ야 졍신이 흔번썰

로 쾌히 놀음도 샤회의 풍긔를 고동ᄒᆞ는디 한 리홈과 판이라우
리가 실로 샤회의 풍긔를 긔량ᄒᆞ는디 죵소코져 ᄒᆞ면 쾌히 놀음
의 긔량ᄒᆞ는것이 ᄯᅩ훈 긴요훈 일이니 오늘 우리나라에는 舊
훈놀음이나 깃븐놀음이나 합당훈 쾌히 놀음이 온젼히 업다ᄒᆞ
여도 과격훈 말이 안히 ᄒᆞᆯ다ᄒᆞ여도 셜혹 잇다ᄒᆞ여도 그 가장 놉흔것으
로 말ᄒᆞ면 항장무 젹벽가와 그 다음에는 놀부흥부의 박타는것
과 리도령 츈향의 긔박훈 연분긋혼것이오 그 알헤로 산디도
감 쇼스디 쟝이 굿혼것은 너무 비루ᄒᆞ야 말이나 글에도 가히
거론티 못ᄒᆞᆯ놀음이라 이것으로써 소위 자미잇는 놀음이라ᄒᆞ
야 사롬의 마음을 일쳔쳑 구덩알헤 ᄲᅡ지게ᄒᆞ니 이 엇지 한심
티 안흐리요 오호ㅡ라 이제로브터 모든 악훈 쟉란과 ᄯᅩ 타국의
놀음은 만히 발이고 : 온젼히 우리국 슈뎍(國粹的) 녯일을 들어
시희ᄃᆡ를 열어○올지ᄆᆞᆫ덕 쳔합 소문이 슈사나라 당나라 군ᄉᆞ를
몰아늬던것과 김유신의 소뎡방을 ᄶᅮ짓던일과 박뎨샹이 계림

셜병개민국

기외엔 샤회의 샹벌을 붉히고 뇌외의 시비를 판단호야 큰일을 격
운일을 한가지붓으로 분잔호니 그런죽 이것으로써 군스교육
의 지남침을 만들셔 국시를 발양호면 그결과— 쟝ᄎ 엇더호리
요

(二) 광티노름에 뒤호야는 대뎌 사롬의 졍신과 싱각으로말미암
아 무숨일이 다만 마음가온디 거줏 형용만 보이눈것은 참으
로 실디에 즁험호야 그 투털호고 명빅홈을 보눈것만 굿디못
호고로 우리가 녯젹일을싱각호미 가령 홍문연큰자리에 항쟝
의칼과 번쾌의눈이나 화용도좁은길 관운댱 조밍덕의 녯일을
싱각호면 그 엄숙훈긔운과 그 의협심이 과연 우리의 마음과
노를 얼마나길으는뇨 그러호나 이것을 만일 놀음잘호눈광티
로 쳔히 스스로 항쟝 번쾌 관운댱 조밍덕이 되야 그 진졍을
굴여나—면 그 마음을 감동케호고 노를 길으는것이 아샤아
못형용업눈 글스쟈나 쇼리들을씌와 비교가 달을지라 그런고

―라 형용업눈졍신은 반드시 형용잇눈물건으로 말믜암아 감동
되여 사룸의마음에 들어 감이 깁흔고로 녯젹에 스파타국이 니옷
나라의게 피혼바―되여 구원을 아뎌에 쳥ᄒᆞ민 아뎌이 군ᄉᆞ로써
보닉디안코 오쥭 한 더 잘부는쟈를 명ᄒᆞ여 군령을 응ᄒᆞ야 고동ᄒᆞ
민 이ᄋᆡ 군ᄉᆞ의긔운이 다시 시로와 덕병을 크게 피ᄒᆞ엿스니 오
호―라 계명산 가을달밤에 퉁쇼를불어 초패왕의 군ᄉᆞ를 헤침과
달은것이 무엇이뇨 나―이로말믜암아 물건의 사룸을 감동흠이
크고 쏘 깁흔줄로 밋노라 그런고로 그 대개를말ᄒᆞ건디
[一] 신문이라 ᄒᆞ눈것은 국민젼톄의 졍신을 류동ᄒᆞ눈긔관이라
그런고로 군ᄉᆞ디식의 널니펴지기를 도모코져ᄒᆞ며 반드시 신
문으로브터 시작ᄒᆞᆯ지니 신문의세력은 한사룸의간으로좃ᄎᆞ나
와 일만사룸의 골슈등에 들어가눈고로 오쥭 사나희를변ᄒᆞ야
계집을 만드는외에는 일만가지 능력이잇셔 능히 션디쟈도되
고 예언쟈도되고 긔챠의 긔관슈도되고 려ᄒᆡᆼ의 향도쟈도되며

셜병개민국

둘지눈 갓오디 샤회의 풍긔로 한결갓치 무긔를 슝샹ᄒᄂᆫ디 나아가게홈이니 무긔를 슝샹홈은 일반국민을 다군ᄉ만드ᄂᆞᆫ디 본분이라 그쳔군호쟈로브터 말ᄒᆞ쟈면 그 톄육의 발달을 쟝려ᄒᆞ야 말달니기와 격검ᄒᆞ기와 유슐과 씨름과 뛰음과 각양 운동을 힘쓰고 ᄯᅩ공원에나 길거리에는 유명ᄒᆞᆫ쟝ᄉ와 유공ᄒᆞᆫ군인의 동샹을 셰우고 이젼에 용밍스럽게 싸호던 글임도 삭여 사ᄅᆞᆷ의 마음 감동ᄒᆞ야 ᄶᅦ달음을 엇게ᄒᆞ며 기외에 연셜의 방법과 광티의 놀음과 물건을 사ᄂᆞᆫ디는 당시의 군인과 대학교 학ᄉᆡᆼ에게는 특별히 익율주어 명예를 보젼케ᄒᆞ되 군인과 학ᄉᆡᆼ은 두가지로 보디 말고 일톄로 디졉ᄒᆞ야 샹하一한결갓치 완젼ᄒᆞᆫ 국민이 된후에 우리 력ᄉ샹의 거룩ᄒᆞᆫ영광을 멀니들어나ㅣ면 그 아름답디 안ᄒᆞ뇨
쇼위 샤회의 이목을 시롭게ᄒᆞᆫ다ᄒᆞᆷ은 무엇이뇨 므릇 신문과 광티놀음과 미슐과 문학 노리굿ᄒᆞᆫ것은 다 족히 국민의 정신을 이리ᄒᆞ고 뎌리ᄒᆞ야 격동도 식히고 감화도 식히ᄂᆞᆫ쟈

흠은 그 긔운이 엄슉호고 둥호며 그 긔관이 법도잇고 민첩호야 샤회의 조직이 한번 변홈엔 뎐디간에 한 새나라 빅셩이 나오리로다

소위 샤회의 풍긔를 썰침이 무엇이뇨

첫지는 갓오되 샤회의 풍긔로호여금 한결갓치 부즈런호고 괴로운디 나가는것이니 샤회를 치호고 게을은즉 이는 약호것을 붙으고 망호논것을 붙으는디 셜봉이라 진실로 강호고 굿세ᄂ국민이 되고져 홀진디 만져 맛당히 부즈런호고 피로온디로 브터 시작홀지니 오늘셰계에 나셔셔 그 성쇠과 존망은 오즉 군긔의 후박으로단 뎡호고 군긔를 양호는 큰 약지는 다만 부즈런호고 피로운디로 솟 차나오는—바라 한 나라 사람으로호여금 능히 각각 독립의 싱활을 경영호면 그 뜻이 굿이 지고 그 몸이 강건호야 그러혼 연후에 정신이 뢰락호고 피로운것은 국민을 다 군ᄉ 만드는디 긴요호 바탕이요

셜병개민국

쇼위 샤회의 조직을 뎡훈다훔은 무엇이뇨 갓오되 군듸의 조직으로 샤회를 조직훔이니 대개 국민이 얼여셔는 학교의 교육을 바드나 그러호나 그 일평성의 만혼부분은 샤회듕에셔 노는고로 샤회교육울 밧는다 훌지라도 무방호니 둥이언지호면 샤회—라호는것은 국민을 만들어나이는 큰 화로—라 그런고로 샤회가 완젼리못호면 국민이 쏘호 건장티 못훌지라 대개 샤회는 그릇과 곳고 국민은 물과 곳하 물은 그릇의 모지고 둥근것을 쌀아 류동호고 국민은 샤회의 모양을 쌀아 힝동호느니 군듸조직이라호는 것은 직분을 다호고 그칙을 딕히되 무협을 숭샹호는 졍신이요 군듸조직이라 호는것은 약속을 츙실호고 질박호것을 가르침이요 군듸조직이라 호는것은 둥히 녁이고 큰 의를 사랑홈이요 그마즈막에는 공동훈 졍신으로 급훈것을 서로 도읍는 의협심 싸름이라 이 마음으로써 호야 샤회활동의 둥츄를 만들고 둥앙과 밋 디방졍부의 립법 스법 힝졍등 각양고 관을 군스샹 디식으로 운젼

이요 뎃지는 군인의 학식과 긔예가 쌍으로졍호야 문무의 당구
호술법을 아울너쓸것이요 다섯지는 이샹의 모든것을 의지호
야 나라가 위엄과 명예를 더 흘지라 오호ㅡ라 또이 취예국의 군
스교육이 이것이 안이호요 무엇이뇨 그러호즉 이젼사름들의 아
름답게 녁이는바 군등의 수졸들이 다 효경을 넓는다호는것은
오히려 우습고 더 쟝막속에셔 쳔리를 예산호던 사름과 초당
안에셔 삼국디도를 그리이던 션비도 다 이가온디셔 볼지라 아
하 그사름들은 다 한씩에 쑥나와셔 시셰의 만든바 영웅이어
니와 이 쇼학 등학 대학을지나 유년 졍년 쟝년으로 된 영웅
들은 쟝찻 무엇을 만들니요 시셰ㅡ여 나는 차랄히 시셰를 만
드는 영웅을 원호노라
〔그 셋지〕 샤회에 당호야는 그 방칙이 또한 세가지가 잇스니 첫지
는 샤회의 조직을 뎡호고 둘지는 샤회의 풍괴를 떨치고 셋지는 샤
회의 이목을 식롭게 홈이라

보디못홀일

롱이언지ᄒᆞ면 한 학교는 곳 한 군듸요

디싸름이니 나라에되ᄒᆞ야 말ᄒᆞ면 각학교의 관립스립을 물론

ᄒᆞ고 필야 일롱으로 련락ᄒᆞ야 군인의 머리털 하나를 당긔면 전신이

동ᄒᆞ과굿치 쇼등대학이 다 군인의 칙임을 담부홀지라 대뎌일

은 실디를 붋아본연후에 그 어려운것을 알고 그 어려운것을

지나ᄂᆞᆫ연후에 그 락을 아ᄂᆞ니 만일 전국국민으로ᄒᆞ여곰 군인

의락을 다알면 뎌 강ᄒᆞ역국의 바람과 물결을 헤치고 하놀과싸

롤 뒤노ᄒᆞ며 오는것을 엇지군심ᄒᆞ리요

ᄯᅩ 이쓴안이라 만일 학교계도를 이굿치조직ᄒᆞ면 그 안파 밧

그로 형용잇고 형용업는 리익이 젹디 안ᄒᆞ니 첫지는 비록 이

졔도를 실힝ᄒᆞᆫ다 다섯히후에 징병법을 힝홀지라도 그괴한을

가히 줄일것이요 둘지는 징병의괴한을줄임으로 민년에 군비

를 가히 감홀것이요 셋지는 전국에 군ᄉᆞ디식이 널니 퍼질것

뒤갓훈것을 간략히 셜비호고 또 기외에 군악티 하나는 가쟝 필요훈것으로알아 모든군졔가 불만호게 만들어 노앗스니 이 논가위 조직에 큰결뎜이 업다 홀지로다

나! 여긔당호야 불가불각별히 쥬의홀것은 대개 둥티조련은군 티에 가쟝긴요호고 더홈이업셔 군인의 각양활동이 이에셔분 별이나는 연고—라 대개 그 리유를 자셰히 말호쟈면 분디와 쇼티는 너무간략호야 군인힝동에 미비훈것이만코 대디와 련 티이샹은 다만 각둥디가 항샹 긴요훈 원위가되여 모히고 허 여지논디셔 지나디못호고 무론 엇더훈 군디던지 즁디조 련이 탁실티못호면 가히 군디의형톄를 만드디 못호는바—라 그런고로 둥디조련은 보병조련에 곳 말호기를 군인의졸업호 눈 곳이라호엿느니 이것이 망녕된 말이 안히로다

또 둥학교 조련은 응당 룡샹죠련외에 파슈와 복초와 쳑후와 뎡탐과 기외의 각양 긴요훈 스무를 탁실히 련습호야 범연히

눈법과 일톄긴요훈 스무를 모다 민쳡호고 속히홈이 가호니 만일 군인이 이것을 능히못호면 가히완젼훈 군인이라고 말홀슈 업도다

소위 련락이라호눈것은 학교를군계로 련락호야 학교를변호야 군되를믈만듬이니 쳥컨티 그 시힝홀 방법을 말홀건티

一、쇼학교눈 쇼티조련으로 국도를삼아 대개 오년으로 한명호고 그 학교 교스―나 군되에 하스로 가르치게호고

二、듕학교눈 듕티조련으로 극도를삼아 대개삼년으로 한명호고 교슈는 휴직쟝교와 하스로 면츙홈이가호고

三、대학교눈 듕티 대티와 대티이샹조련을 임의로 시힝호되 이년으로한뎡홈이 가호니 이눈오눌날 북미합즁국 각관립대학에셔젼졔로 시힝호야 므릇 남학도 일이년싱은 피호고 져호여도 감히못호눈것이오 또 그규모눈 비록지극히 젹을지라도 한 두대티로 편즙호야 그안에 보병 포병과 공병 치듕병과 군의

(四) 군스샹디식

군스샹디식은 국민을 다 군인 만드는쥬의의 가쟝긴요훈것이
니 오늘날 군딕에일은 이젼과 갓치 남양초당으로 훈번나와다
만디략으로 삼군을 지휘치못홀쓱라 고로 이졔군스교육의 급
션무는 곳 군스샹에 모든실디 련습이오 그 다음에는 위션즈
긔나라의 **군졔병졔**와 희방륙방과 젼슐젼략굿훈 모든 긴요훈
스무와 또외국 군졔와 **고금젼졍** 소긔와 유명훈 쟝슈들의 뎐
긔롤 공부ᄒᆞ고비와 처음에는 졍신뎍교육으로 시작ᄒᆞ고 마즈
막에논 실디뎍 젼습을 시험ᄒᆞ여야 그공이 자못 들어날지라엇
지녯날무부들의 오죽 힘만 밋는일을 비호리오

(五) 군스뎍지조

군인의 필요훈 지조는 위션 문신을알아 므릇 군딕에셔 쓸글
즈의 겨셔와 보고와 됴문과 졔문갓훈것을 용이히 쓰기를요
구ᄒᆞ고 기외에다시 원근을 헤알여 보는것과 산쳔디도룰글이

셜병개민국

국의 한군인이 뎍국군디에게 사로잡힌바ㅡ 되엿다가 필경엔 고국에 돌아와 쳥년주뎨들을 거놀이고 군스교육을 힘쓸세하로 눈실디로 젼슐을 련습ᄒ기위ᄒ야 일반싱도를 두편으로 난호아하나ᄂ 침범디를삼고 하나ᄂ 방어티를 삼은후에 각각뎡탐과 쳑후병을 파송ᄒ야 뎍병의 졍형과 디리를 탐디흘세 그둥에 한싱도ㅡ 잇셔 이것을다만 작란으로만알고 뎍병의 뎡탐을 맛나 그 ᄂ졍을 다말ᄒ고 또 그 동관 아모아모디로 좃추 아모디로간것을 말ᄒ고 셔로떠ᄂ후에 필경엔 그졀탐들이 다 뎍병에게 사로잡힌지라 일을맛친후 그사로잡힌싱도들이 아모의 소위를 분히녁여 그션싱에게 고ᄒ미 그 션싱도 또흔 노흐야 당당에 아모를 잡아들여 여러사람압헤셰우고, 너ㅡ 나라사랑ᄒ기를 비호지안코 나라 팔아먹기를 비호는다ᄒ고 학교에 감금을명ᄒ일이 잇스니 이도또흔 군률의 엄둠ᄒ을가르치ᄂ디 한 됴흔니약이로다

꼬로 곳군스를 독츅ᄒ야 뎌진으로 나갈세 필경에는 빅보안
헤갓싸 온지라 듕대쟝이 그듕티를 그곳에 세우고 단신으로뎌
진을 향ᄒ며 뎍쟝은 원문에 안져 한 외로운 군딕의 오는것을
보고 스스로 싱각ᄒ기를 필시이것이 항복ᄒ려 오는것일시의
심업다ᄒ고 그쟝관의 오기를 기다리다가 그셔로 가싸온싸에
당ᄒ야는 그 듕대쟝이 귀회를 타 뎍쟝을버히고 칼을둘너 돌
격을명ᄒ미 법국군스ㅣ 뎍진에들어가 좌우로 츙돌ᄒ며 나팔
류본영은 이괴회를타 대병으로 압헤당ᄒ미 드티여 뎍병이 허
여져압길을 열엇다ᄒ니 이눈다만 군률이 엄졍ᄒ효력이라 이
것이 비록 한가지뎐ᄒ는말에 지나디못ᄒ나 그러ᄒ나 아하 이
것을 가지고 이젼 히하에 초패왕의 녯일을 싱각ᄒ면 그누가
여기 니약이 잇셔 죡히 싱도들로 ᄒ여금 군률의 듕홈을
또 ᄒ가지 니약이 잇셔 죡히 싱도들로 ᄒ여금 군률의 듕홈을
알게ᄒ쟈ㅣ 잇스니 녯젹에 뎌국과 법국의 젼정이 그 쳔후에 법
익이며 누가 패ᄒ고

군률이라ᄒᆞ는것은 군티의 졍신이라 샹관을 복죵ᄒᆞ며 명령을 존즁히녁여 군티의 딜셔를 유지ᄒᆞ고 법령과 규측으로 셔로 등집이 업게힘이니 긴요ᄒᆞ게 말ᄒᆞ쟈면 젼톄군티로 ᄒᆞ여금 ᄒᆞᆫ갓치 협동ᄒᆞ는 긔관이라 고로 군률이 졍돈치못ᄒᆞᆫ 곳 오합지즁이요 더 밧갈든 농부와 쟝사ᄒᆞ던 시면을 몰아다 가 노흔디셔 지나디못ᄒᆞ고 ᄯᅩ 군률의 원슈되는것은 방ᄌᆞᄒᆞ고 거슬으고 거즛것을 만들고 힝실을 단졍히못ᄒᆞ고 ᄯᅩᄒᆞᆫ겁이만 코 나약ᄒᆞᆫ것이라 이졔 군률엄졍ᄒᆞᆫ것에 두어가지 니약을들어 말ᄒᆞᆯ건티

녯젹에 나팔륜이 련합군에게 곤혼바-되여 ᄒᆞᆫ거름을 능히나 가디 못ᄒᆞᆯ씨에 나팔륜이 그부하 보병졍위 ᄒᆞᆫ사ᄅᆞᆷ을 명ᄒᆞ야 쇽히 그티 등을 거ᄂᆞ리고 압혜막힌 뎍병을 물니치라ᄒᆞ미 그등 티쟝이 비록 죵긔의 일등티로 능히 더큰진을 더당치못ᄒᆞᆯ듯 ᄒᆞ나 그러ᄒᆞ나 쟝슈의 명령이 즁긔의 셩명보다 듕ᄒᆞᆷ을 아ᄂᆞᆫ

일이라 귀에 라팔과 북쇼리가 들어가고 눈에 칼스귀운과 창스
빗이 번젹거리면 마음과 간이 스스로 쓰고 형세를 잘 인도
하야 괴로운 싱각을 써닷디 못하니 그 형세를 인하야 또한 동
하면 그리 익이 큰지라 그러하나 이즘에 당하야 괴물은 불가
불 엄히 할것이요 졔한은 불가불 뎡할것이니 만일 법도 업시
방탕하야 범위 밧게 나가면 그 히가 더욱 큰 연고 ㅡ 라 그러나
학도들의 본 학교 질음을 불으거나 군가를 노리함은 만일
련쟝이나 또 가히 금홀만한 경우 외에는 도쳐에 맛당하고 또
그 활동하는 쟈란은 응당 그 싸 형세를 인하야 베풀것이니 만
일 학교에 자리가 산에 갓싸우면 산양하기 산에 올으기 산죠
벌이기 그런 쟈란이 심히 합당하고 만일 바다에 갓싸우면 헤음
치기 배 젓기 이런 것으로 인도하야 사람과 싸의 셔로 합당하
것을 일티 안흠이 또한 아름다운 일이로다

(三) 군률

이에 닐을어 비로소 낫타나니 그 하나는 갈오되 확댱이요 또 하나는 갈오되 련략이라

소위 확댱이라홈은 무엇이뇨 곳 군인의 교육을 학교에 확댱훈 다홈이니 그 죵지와 명도는

(一) 례조와 밋 춍조 (도슈조련과 집춍조련과 분티조련으로쇼 등디 조련석지)

조련은 맛당히 간략훈것으로브터 번거훈디 들어가고 쉬운것으로 말미암아 어려운디 들어가고 더욱 맛당히 셩도의 나회와 디식뎡도를보아 표쥰홀것이요 결코 등급을뛰여 올나감을 허탁디말지며 므룻 모든동작을 닉히동달훈연후에 그치되 쇼학교는 쇼티조련에 그치고 등학교는 등티조련에 그칠것이오

(二)운동과쟈란 (힝군 야외련습 관혁쏘기 칼츔추기 산에올으기 배젓기 헤음치기)

운동호고 쟈란호는것은 원티 졈은 사나희들의 매일됴화호는

셜병개민국

샤ᄒ고 다만 두사룸이 훔ᄭ게갈지라도 하나는 둑ᄒ교 하나는 락ᄒ야 그 발ᄌ자최가 쇼나 말의 걸어가ᄂ것과 사롬이 오쇼와말과 굿틈은 쇼와말이요 웃 닙은것과 무엇이 달으리오

〔그 둘지〕 학교—라 ᄒᄂ것은 됴흔국민을 제죠ᄒᄂ 긔계챵이요 나라풍속을 개량ᄒᄂ디 근원이요 국민직업의 예비ᄒᄂ곳이라 진실로 국민젼톄의 죠직을 군인으로 써 ᄒ고져 흘진디 맛당히 학교로 브터 시작흘것이요 쏘흔 국민으로ᄒ여곰 엇더흔 스업을 흘마음과 엇더흔 단련과 엇더흔 군인의 졍신과 질을 가지게 ᄒ고져 ᄒ면 맛당히 먼져 학교계 도를 엇더케 흘 방침을 뎡ᄒ연후에 가흠을 알아야 흘지니 대뎌 교육의 큰 근본은 그 나라 운명으로 ᄒᄭ 나가ᄂ쟈ᅳ라 그런고로 학교의 졔도 쏘흔 그 나라국시의 일부분이라 흠이 흐고 이것을 박고아 말흐쟈면 한 나라의 학교계도를 보면 그 나라의 젼명을 가히 판단흘지로다

쳥컨디 학교졔도를 말ᄒ건디 이졔 국민을 다. 군스만드ᄂ 쥬의가

실디로 련습하기를 시험하고 기외에 라팔과 북과 안쟝진 목마와 허수아비군수와 군긔 국긔굿혼것을주어 마당이나 마루에딘 올베플고 그아희는 친히 찬란호군복과 빗나논군도로 쟝수의자리에셔 구령과 전술을시험하며 또 군긔 국긔의 소등흠을 이마알아 그 근쳐에오면 곳 모조들벗거나 칼을들어 공경하는 뜻을다하니 이러하고 우리나라 얼인아희들의 공괴나 쎤의를놉고 나-이것을보고 성각하면 실로 긔가막힘을 익이디못하노라

(三) 아희들은 얼엿슬씩브터 군인의긔운을 너어주라면 맛당히 걸음것는것브터 먼져 가라칠것이니 이는 힝군하는디는 필요훔샬 안히라 비록 평일에 힝동훔씩라도 발을 법도잇게 움즉여 한사름이샹이 흠썩힝홀씩에는 그 걸음이정졔하야 후두둑 후두둑각 쩔어지는 쇼리가 업게흠이 가하도다 청컨티 오놀 우리나라사름들의 걸음것는것을 볼지어다 더 여러사름들이 흠쎄가는것은고

홈뎜이니 이도 또훈 그 부모의 엄히 경계ᄒ는것이라 대개 병괴
는 흉훈그릇이라 능히 사롬을 샹ᄒ며 능히 죽이나 그러
ᄒ나 어른이나 얼인이를 물론ᄒ고 만일 병괴와 서로 쳔ᄒ야 그
가지는 법을 알고 그 쓰는법을 알며 셜혹 그동안에 한두번 불힝
훈일을 당홀지라도 그 마즈막에는 경험이 만하지리니 경험이라
ᄒ는것은 원리 큰것을 치루디 안ᄒ면 셰샹에 한 탄식티 안는 묘
훈물건이라 사롬이 경험을 구ᄒ디 안ᄒ면 쟝ᄎ 무엇을 취ᄒ리요
그런고로 나의 의견은 비룩 당일에 일쳔명 일빅명의 건쟝훈 아
회를 일흘지라도 우리나라 아희들에게 병괴를 만히 주어 명일
는 그 쓰는법을 알고 지명일에는 경험을 엇고 그 후에는 수져와 긋
치 쳔ᄒ고 마즈막에는 쳔만명의 건쟝훈 아희들을 엇어 도션에 유
조훈 빅셩만들기를 원ᄒ고 긔도ᄒ노라
다만 이분 안히라 구라파와 아메리카사롬들은 혼히 얼인아희들
에게 쟉란ㅅ감을 주되 공긔총 죠총등으로 데일아름다움을 숨아

운울일케만드니 이는흔뼈의 회통으로 평샹의 악훈결과를 주는것
이라 기외에 두어가지 필요호고 가히 엽지못홀것을 들어 이알해

긔록호노니

〔一〕 아회들의 의복은 아못됴룩 화려훈것을졔호고 수~훈것을숭
샹호야 쟉란호고 힝동호는티 편리케호는것이가호니 대개 우리
나라 아희들의 얼의아홉은 일즉이 부모의호령의 구박훈바—되
야 하로아춤에 시옷을닙으면 혹 이것을 물이나 흙에 덜업힐가
혹 이것을 널어나고 안즐뼈에 국일가호야 필경엔 두손을 늘어
쓰리고 머리를돌니 디못호고 한걸음 두걸음에 녑흐로보고 바로
보아 훈 걸어단이논 송장이되나니 이는 그 얼인아희에게 당호야
의복이안히라 곳 박승이라 차랄히 이것을 밧고아 무명이나 뵈
로티신호고 세탁이나 자죠호면 가뎡경졔와 아회교육에 그리익
이크고

〔二〕 우리나라 아희들은 평샹에 병긔를 크게무셔워홈이 또훈 큰

도에 합ᄒᆞ게 ᄒᆞ고 풍괴에 뎍당케 ᄒᆞ야 한편으로ᄂᆞᆫ 그 담력을 건장케
ᄒᆞ고 한편으로ᄂᆞᆫ 그 긔운을 장ᄒᆞ게 ᄒᆞ니 실로 됴ᄒᆞᆫ 법이요 올ᄒᆞᆫ 방
법이라 ᄒᆞᆯ지로다

그러ᄒᆞ나 이졔나— 머리를 쏘으며 손으로 결ᄒᆞ고 우리 동포에게
간졀히 비ᄂᆞᆫ 것은 볏젹에 스파타국과 갓치 신톄약ᄒᆞᆫ 아희ᄂᆞᆫ 강이나
산에 발여 호랑이나 고기의 미씨를 만들고 강장ᄒᆞᆫ 쟈ᄂᆞᆫ 나라에셔
셰운 아회길으ᄂᆞᆫ 집에 보ᄂᆡ여 그 부모의 사랑을 ᄲᅢ앗고 져흠도 안이
다만 어진 어머니와 엄ᄒᆞᆫ 아버지가 잇셔 그 자식을 울ᄒᆞᆫ 방법으로
라치되 비록 어린 아희 잠재우ᄂᆞᆫ 노리라도 결단코 의미 업고 리치
업ᄂᆞᆫ "자쟝 자쟝 우리 으기 잘 도 잔다 뒤스집 강아지 못 도 잔
다"ᄒᆞᄂᆞᆫ 노리를 ᄒᆞ지 말고 반드시 스파타녀즈와 덕국 부인들의 자미
잇고 긔운 잇ᄂᆞᆫ 노리를 배홀지며 ᄯᅩ 그 다음에 ᄂᆞᆫ 비록 어린 아희들
의 작란을 금ᄒᆞᆯ지라도 더 무셥고 겁 ᄂᆡᆯ 만ᄒᆞᆫ 말로 "뎌 팍쥐 보아라", "왜
놈 온다", "ᄒᆞᄂᆞᆫ 말을 써셔 얼인 아회들의 연ᄒᆞᆫ 담을 섯드리고 턴연ᄒᆡ

호야성립훈 바—요 기외에 소위국민이 다군소되는 쥬의눈 그시
힝흘방칙을 대개세가지로 난호아 말흠이니 그 첫지는 가뎡에 잇
고 그 둘지는 학교에잇고 그 세ㅅ지는 샤회에 잇다호노니 이세
가지의 공덕파 영향은 국가—그리익을 것울진뎌
(첫지) 가뎡 교육은 실로 개인교육의 근본이라 졍승이되고 쟝슈
가되는것이 엇지 죵자가 잇스며 하나는 범되고 하나는 개되는것
이엇지 뎡훈리치가 안히리요 오늘시지 유년교육의 됴코됴치못훈관
게—라 그런고로 이젼브터 오늘시지 일반무육국교육은 하필동리
돌갈이어 살지도안코 조식을 밧고아 가르치디도안코 다만톄육파
지육과 덕육으로 세가지 근실을삼아 스나희의 일평싱 뎐뎡을 가
뎡으로 시쟉하느니 이는 오늘 텬하에 듯훈법이라 그러나 이사
샹이젼일 우리동국에 덕육파 지육을 만져호고 톄육을뒤에 흠과굿
지 안히호야 므룻일은 반 어린아히들은 신톄를 강건케흠으로 만져힘
쓸세 그 자란는것파 그 구경호는물건과 기외에 일동일졍을 다법

국민개병설

안에잇다ᄒᆞ니 당연도다 이말이여 이논가위 만고영웅의 챡실ᄒᆞᆫ경력이로다

비록그러ᄒᆞ나 소위 참는힘이라 ᄒᆞ는것은 평일에안져 말ᄒᆞ기는쉽고실디에 당ᄒᆞ야 힝ᄒᆞ기는어려우며 또 ᄒᆞᆫ씨의 리티의싱각으로허ᄒᆞᆫ디경을 건너가는티 평성의 긔운으로 참디경에 당ᄒᆞ는티논어려우니 비유컨티 우리가 달음질ᄒᆞ는 마당에 팀ᄒᆞ야 그승부를구경ᄒᆞ다가 그 달음질ᄒᆞ는쟈ᅵ셔로 압뒤를 다토와 그 신디에갓가히옴을보면 응당우리가 손을티며 소리를 딜으며 "어셔어셔;ᄒᆞ기를마디안홀지나 그러ᄒᆞ나 더당국쟈논 힘이다ᄒᆞ고 믹이풀녀 압셔고져ᄒᆞ여도 능티못홀이 엇지ᄒᆞ리요 그런고로 참논힘의 후ᄒᆞ고박ᄒᆞᆫ것은 뎐연뎍 도안이요 우연ᄒᆞᆫ일도 안히요 반드시정신으로부어 주고 리샹으로 공부ᄒᆞ고 경험으로 단련ᄒᆞ야 빅번불에들어간쇠와갓혼 연후에야 그갑억치를 차즐이로다

이우에 말ᄒᆞᆫ것은 다군인의 정신뎍 교육이니 국가와 샤회의 의퇴

그볏지눈 조겨과 참눈험 ‥ 군인의 든〜혼조겨온 강호고 삿〜
혼것의 군원이라 대뎌 무명옷 풀모조와 대집힝이 집신은 쳔리강
산율 발셥호야도 그힘이 오히려 삿〜호나 그러호나 만일 그얼골
이얌전호고 그의복이 화려호야 슈팔련에 옥동조ー 팀흠과 굿흐면
그모양이 아름답기는 아름다오나 그러호나 한줄기비와 한쎄바람
올건티 더 못호면 엇지호리요 허물며 군인은 바람에 밥먹고 이슬에
잠자는것은 룡샹호법이요 산율넘고 물을건너는것은 압헤당호는 일
이라 그런고로 그몸이 설눈불가온티 잇셔도 그쑷을 변치
안히 호여야 빅번썩 거져 돌아셔지 안는 긔개가 잇슨 연후에야 번
〜히익일 긔회를 결단호느니 대개 나ー가 곤호떡에 달은 사람
도 쏘혼 곤호고 나ー가 갓불 떡에는 달은 사람도 갓분것이라 이썩를
당호야 나ー능히 혼번 용밍을 더호야 탄환이 비오듯 호 눈알헤 한
거름만 더 나가면 그 승전호 공은 부득불 나의게 돌아올 지로다 그
런고로 볏젹에 나파륜이 갈오디 승픽의결과는 마즈막 십오분동

게ᄒᆞ니 아하 그 나라의 풍쇽이 이러ᄒᆞ고야 비록 강ᄒᆞ고져 안히ᄒᆞ 들엇지 강ᄒᆞ디 안흐리요
이졔눈 일본을 그만두고 우리나라와 듕국의 이젼풍쇽을 보면 군 인은 산양ᄉᆞ개로 곳 비유ᄒᆞ고 무예눈 쳔ᄒᆞᆫ 업으로 다 알아 비록 하로 아ᄎᆞᆷ에 쟝단에 올나 슈륙군 도원슈가 되여도 공경대신의게 인ᄉᆞ리를 면치 못ᄒᆞᆯᄲᅮᆫ안이라 만일 훈ᄉᆞᄅᆞᆷ이 병뎡이 되여 군문에 들어가면 그 아비가 노ᄒᆞ고 그 안히가 원망ᄒᆞ며 친쳑들이 은휘ᄒᆞ 고 쳔고 들이 션허 그 군듕에 나갈때에ᄂᆞᆫ 비록 외방에 츌쥬만ᄒᆞ여 도 곡셩이 텬디를 음죽여 비참훈 모양을 들어ᄂᆞ니고 그 집에 돌아올 때에ᄂᆞᆫ 비록 그 군듸 여디업시 피ᄒᆞ엿슬지라도 깃분빗이 얼골 에 가득ᄒᆞ야 슐과 고기로 큰잔치를 비셜ᄒᆞ니 그런즉 이ᄒᆡᆼ복을 발 이고 누—능히 명예심을 유디ᄒᆞ야 나라를위ᄒᆞ여 몸을닉여 노키를 싱각ᄒᆞ리요 말ᄒᆞ야 이디경에 닐으미 그가 막히고 쎠 가셔늘ᄒᆞ야다 시 말ᄒᆞ지 못ᄒᆞ노라

셜병개민국

쏘명예—라ᄒᆞ논것은 샤회의 형벌이오 샹급이라 정부의 형벌과샹급은 혹 한 사ᄅᆞᆷ의 사ᄉᆞ의견으로 나오는고로 그 불공ᄒᆞᆫ 경우에 논가히 칙망도ᄒᆞ고 가히 죄도주려니와 샤회의 형벌과 샹급은 일반국민의 공번된쑷으로 나오는것인고로 만일지극히 미련ᄒᆞᆫ 사ᄅᆞᆷ이나아죠무도ᄒᆞᆫ쟈 안히면 이명예와샹급을 조괴의 몸과 일홈으로 함ᄭᅴ발이디 안논바—라 쳥컨티 일본의 풍괴를보라 일인은 군인에게 딕ᄒᆞ야 놉히고 공경ᄒᆞ여쥬고 굿치ᄒᆞ며 또 군인이 물건을사는디 그 갑을 싸게ᄒᆞ여쥬고 군즁에 들어갈ᄯᅢ에 논 음식을정ᄒᆞ게ᄒᆞ며 그 젼댱에 나갈ᄯᅢ에 논 싸호다가 쥭기를빌고 그 쥭은후에 논 그 형샹을둘에 삭이고 구리로 부어두며 또 이뿐안이라쥭은쟈의 옷을박물원에 두고 그 쥭은쟈의 가쇽을 젼공으로 공급ᄒᆞ며 혹 훈ᄉᆞ람이 젼댱에 나갓다가 스스로 도망ᄒᆞ거나 쏘혹군ᄉᆞ샹일을 그르게 만든쟈—잇스면 그 아비가 조식으로 알지안코 그쳔고들이 부ᄭᅳ러ᄒᆞ야 그 사ᄅᆞᆷ으로 ᄒᆞ여금 텬디간에 용납홀곳이업

국민긔병셜

다만 나의 셔잇는곳으로ᄒᆞ여곰 나의죽을곳과 나의무덤으로 아는
것이 곳 군인의명예―라ᄒᆞ고 또 한사ᄅᆞᆷ이 갈오되 명예―라 ᄒᆞ
눈것은 큰 스업을 일우ᄂᆞᆫ것과관이오 또 군인싱활의 정신이라 이로
써ᄒᆞ야 무셔운것도업고 원망ᄒᆞᄂᆞᆫ것도 업고 거즛도업고 교만ᄒᆞᆷ도
업고 오죽 직분과 한번 죽을졍신이라ᄒᆞ니 오호―라 나라를보호
ᄒᆞᄂᆞᆫ 큰 소임을맛고 방패와 셩긋다ᄂᆞᆫ 큰 명예를어드면 녯사ᄅᆞᆷ의
닐온바 죽는것이 영광이요 사ᄂᆞᆫ것이욕이라 누―과연 이영광을져
발여 빅골을 젼댱에들어나―고 더운피를 변방에쑬이고져 안히ᄒᆞ
리요 그런고로 명예심이라 ᄒᆞᄂᆞᆫ것은 형용업ᄂᆞᆫ 군률이라 가히 악
혼것도 경계ᄒᆞ며 가히착혼것도 장려ᄒᆞᄂᆞ니 군인이요 명예심이만
흐면 곳 그나라의 위엄을더ᄒᆞᆷ이라 원컨티 우리국민도 군인의 명
예심이 풍부ᄒᆞ기를 발아거니와 오죽 명예심의방한과 범위를알아
이것을 ᄌᆞ긔동관이나 본국사ᄅᆞᆷ에게ᄅᆡᄒᆞ야 쓰디말고 외국과 뎍병
에게ᄅᆡᄒᆞ야 크게 쓸딘뎌

국민기병셜

일 그러티안흐면 이가치 밍렬히 싸호다가 혹 우리형셰가 쓸녀젼
군이 뒤로물너갇씩에 혹 일쇼되나 일즁되의군소가 홀로스되
져 나가지도못ᄒ고 들어가지도 못ᄒ는것을보면 그티는 이것올구
원티안코 감히 홀로 달아나깃느뇨 이는 감히 못홀샏만안히라 ᄯ
혼 참아못홀일이니 그러혼죽 군인이라ᄒ는것은 죽어도 공덕으로
죽고 젹게 살아도 공덕으로살아 크게 밀우어보면 젼국이 그덕을 공
고 젹게 밀우어보면 개인이 그덕을 의지ᄒ는바ㅣ라 그런고로 공
덕이라 ᄒ는것은 그 명흔뜻으로말ᄒ면 곳 일개인이 큰 단톄에되
ᄒ야 차랄히 조귀일신을 일흘지언뎡 그 젼톄를 보젼ᄒ야 평안케
ᄒ는 큰 의ㅣ라흘딘뎌

그 셋지는 명예심 ·· 녯젹에 엇던쟝수ㅣ말ᄒ되 "나의부모국을
방어ᄒ기로 칙임을숨고 하로아츰에 담대ᄒ군소들로 군
긔알헤서셔 한번죽어 나라은혜를갑기로 흠씌밍셔ᄒ면 비룩 하늘
파짜이 문허지고 산과바다가 뒤노ᄇ더라도 한걸음을 물너가디안코

국민기병설

잇스며 군인이 업스면 나라의 혼이 어듸 잇스리요 그런죽 혹 엇던 사람이 갈오티 군인은 맛당히 이혼을 가질것이로되 국민은 가히 이것이업셔도 큰 관계가 업다ㅎ면 그말이 가히 되겟ㄴ뇨 안되겟 ㄴ뇨 대뎌 나라는 누가 가딕히ㄴ뇨 딕히ㄴ쟈는 곳 군인이요 나라는 누가 가젓ㄴ뇨 가진쟈는 곳 국민이라 이럼으로 군인과 국민은바 늘과 실파굿하 가히 서로떠나디 못ㅎ리로다 그 둘지는 공덕심 、、 군디라ㅎㄴ것은 공변된 마음의 죠직톄라 죽으면 흠씨죽고 살면 흠씨살며 또 군인의 아름다운덕은 다만ㅈ 긔일신을 발이어 젼톄를위흠으로 가장 아름답게 녁이ㄴ고로 ˊ너 회무리가 죽기로써 동포를 보호ㅎ겟ㄴ뇨、ㅎㄴ문데는 곳 군인의 죵교ㅣ요 잠언이라 시험ㅎ야 뭇건디 그듸는 몸쇼 군인이 되여 병을 듸ㅎ야 서로써 홀씨에 란환이 기를엄습ㅎ고 연긔가 눈을갈이 어 한번죽고 한번살기를 깜쨕홀동안에 늬기ㅎㄴ경우에당ㅎ면 그 듸는 감히 홀로살기를 도모ㅎ야 몰뉘 달아나기를 쐬ㅎ겟ㄴ뇨 만

셜병긔민국

너를길으고 너의엄훈 아바지가 이싸에잇셔 너를갈으치다,훈
니이는 덕국의익국가가안히뇨 이는 그만두고 다시 이탈리의 나
라를 다시세움과 회랍국의독립을 회복훈것을보면 다 그국민의골
파 챵조가온디 취호여도 감히닛디못호고 자면셔도 감히닛디못호
는 력스샹영광의 영향이요 또 오늘날 둥국과인도국의 눌마다 쳔
리쎡나가는 익국심도 그좃차오는곳이 반드시 잇슬던뎌 쳥컨틱 못
노니 우리됴션국 스쳔여년 단군긔조의씨쳔 빅셩들은,,,.
나—들으니 국가—라호는것은 셩과잇눈 조직톄—라 골격이 이믜
셩립호고 혈육이 이믜 갓초엇스미 만일 여긔 혼이업스면 무엇을
취호리요 대개 나라의 혼이라호는것은 국민이 익국졍신의 더운피
로 잉틱호야 이곳치 한 묘호물건을 탄싱홈이니 그 힘과 그 공은
능히 국민샹하의 온 샤회를들어 한 도간이 한 모루쇠우헤부어두
돌여 뉘여 크고 젹은것을 물론호고 다 죽고 살기를 니져발이눈
한 렬스를 만드는것이라 그런고로 나라의혼이업스면 군인이어티

―안히요 총과 칼이 졍ᄒᆞ고 리ᄒᆞ디 안흔바ᅵ― 안히로되 이것을 다 쓰디못ᄒᆞᆯ경우에는 곳 형용업ᄂᆞᆫ것을 요구ᄒᆞᄂᆞ니 형용업고 긴요흔 것은 무엇이뇨 곳 군인의졍신이라 이에 군인의졍신을 들어 말ᄒᆞ 노라

그 첫지는 익국심…은 곳 몸을사랑ᄒᆞ고 집을사랑ᄒᆞᄂᆞᆫ 마음을 큰 글ᄌᆞ로 쓴것이라 그런고로 몸을 사랑ᄒᆞ고 집을 사랑ᄒᆞᆷ은 곳 나라사랑ᄒᆞᄂᆞᆫ마음의 첫지군원이요 문명과 야만의구별과 녜와 이제의 달은것을 물론ᄒᆞ고 한 텬연뎍 ᄉᆞ샹이라 그러ᄒᆞ나 익국심의 만코적은것은 오죽 그 국민의쟝등에 빈〰혁〰흔 력ᄉᆞ가 잇고 업ᄂᆞ티 잇스니 이는 그 나라 ᄇᆡᆨ셩이되여 더러틋흔 력ᄉᆞ의 잇고 가온티 잇스면 이것을 감히 몽민즁에도 니져바리디못ᄒᆞᆫ 연고ᅵ— 라 오호ᅵ라 ᄯᅩᆺ은잉도요 사롬은 무ᄉᆞᅵ라 일본의 한 싸ᄉᆞ덩이가 오날ᄭᅡ지 삼쳔년이라ᄒᆞ니 이는 일본의혼이 안히뇨 너의조샹을싱 각ᄒᆞ며 너의부모국을 사랑ᄒᆞ라 너의사랑ᄒᆞᄂᆞᆫ 어머니가 이ᄯᅡ에잇

국민기병셜

호쟈면 므릇 샤회샹 일톄 조직을 맛당히 졍티샹 모든괴관을 맛당히 군수력졍신으로 셜립호며 샤회의 졍신 파 풍쇽과 밋 습관을 맛당히 군인의 졍신으로 부어주어 밧그로 군 인의 형톄는 나라가 의지호야 평안호고 안호로 군인의 졍신은 국 민이 의지호야 활동홀지니 이는 나라의 셩립호는바—요 빅셩의 싱존호는바—라 가령 텬하에 강호원슈도업고 비란도업스면 소위 군인굿호것은 소용이 업거니와 텬하에 태평혼봄은 돌아가기쉽고 수방에 한가지일도 업슴은 긔약호기 어려운지라 만일 군인의 졍 신이 나라에 업스면 나라— 엇지 셩립호리요 군인이여 군인이여 하나요 둘이안히로다

그런즉 이졔 군인의교육을 대강말호건티 녯젹에 나파륜이갈오티 싸홈을 호는티는 형용잇고 형용업는 두가지 긴요혼것이잇다호니 과연그러토다 영웅의말이여 대뎌 형용잇는것은 각죵병긔를 가르 침이라 그러호나 셩텹이 놉디안혼바— 안히요 히자가 깁디안혼바

국민기병셜

것을 밧고 아니ᄒ면 다만히 군륙군의 셰력이 쟝쟝홀샏이라 이런고
로 오날날 국가는 국민으로 ᄒ여금 다 군시되는 쥬의를 힝티 안ᄒ
면 반드시 셰계샹에 나셔 싱존경징을 도모ᄒ기 능티 못ᄒ고 ᄯ한이
에셔 더 심ᄒ면 다만즉 나라로ᄒ여금 디도우헤 한 명ᄉ 밧게 남기
지 못ᄒᆯ진뎌
국민이 다 군ᄉ 되는 교육은 녯젹에 희랍국 스파타에셔 힝ᄒ엿스
나 시방은 셰계렬강이 다 스파타국이라 대뎌 우리가 이경징ᄒ는
계셰에셔셔 우리가 사람을 침로티 안ᄒ면 사람이 쟝ᄎ 우리를 침
로 홀지라 대개 형뎨간에 셔로 다토면 그 부모ㅣ 능히 심판ᄒ여 주
고 빅셩이 셔로 다토면 그 국법이 능히 심판ᄒ여 주되 만일 나라와
나라가 셔로 다토면 셰계즁에 원리 누가 가쟝 놉흔 권리 잡아 이것
을 지판ᄒ여 줄 사람이 업슨즉 이ᄯᅥ를 당ᄒ야는 오즉 강한 권셰샏
이라
그러ᄒ나 이는 다만 형식샹으로 말홀것이요 만일 졍신뎍으로 말

셜병기민국

라 오호—라 싼은데 넓힐수업고 사람은 날로번셩ᄒᆞ민 만일나—사람율 침로치안ᄒᆞ면 사람이 곳 나를 침로ᄒᆞᆯ지라 이런고로 형셰가 녁녁ᄒᆞ쟈ᄂᆞᆫ 익이고 형셰가 부죡ᄒᆞ쟈ᄂᆞᆫ 피ᄒᆞ야 오죽강ᄒᆞ쟈 싱존ᄒᆞᄂᆞ니 대뎌 달은사람의 강ᄒᆞᆫ것을 ᄒᆞᆫ갓두려워ᄒᆞ고 자긔의 강홈을바라디 안ᄒᆞ면 그것이 미련ᄒᆞ뇨 디혜 쓰러우뇨
나—들으니 텬하를 다스리ᄂᆞᆫ쟈ᄂᆞᆫ 그 슝샹ᄒᆞᄂᆞᆫ것이 잇다ᄒᆞ니 오늘던하의 소위 국시 (國是) 라ᄒᆞᄂᆞᆫ것이라 이제로브터 지나간빅년동안율 거슬녀보면 당시에 농업으로 나라를 셰운쟈—오늘날다ᄇᆞᆫᄒᆞ야 샹업으로 죵ᄉᆞᄒᆞ니 그런즉 오늘샹업경졍ᄒᆞᄂᆞᆫ 시티에셔셔달은사람들은 압흐로 가고 나는뒤에 써러지면 아참 히가 다 쓰디못ᄒᆞ야 나눈발셔 사람에게 먹힌바—될지라 대뎌 농업은 원티 보전ᄒᆞ야 딕회ᄂᆞᆫ것샏이요 샹업은 나아가며 취ᄒᆞᄂᆞᆫ것인고로 이것을ᄒᆞ쟈면 오죽위염과 셰력을 슝샹ᄒᆞᄂᆞ니 위염과 셰력은 나라를 홍ᄒᆞ게ᄒᆞᄂᆞᆫ터 쳣지 스걸음이요 나라를보호ᄒᆞᄂᆞᆫ터 마즈막슐법이니이

셜병긔민국

약을 말먹음아 닐어나는것이라 약흔쟈ㅣ 잇슨죽 강흔쟈ㅣ 침로흠
기를 싱각ᄒᆞ고 그 침로ᄒᆞ는 날에는 곳힘으로 써ᄒᆞᄂᆞ니 만일 온텬
하로ᄒᆞ여곰 다 힘이 강ᄒᆞ야 다토는것도 셔로업고 침로흠도 셔로
업스면 가히 갈오ᄃᆡ 화평ᄒᆞ다 ᄒᆞ려니와 이는 하늘과 ᄯᅡ이 열
니고 사롬과 동물이 싱긴후에 소위 싱존경징이라ᄂᆞᆫ것을 말미암
아 가히피ᄒᆞ지못ᄒᆞᆯ 일이라 이런고로 싸홈을 두려워ᄒᆞᄂᆞᆫ쟈을
춤닉젼징의 화를밧고 쥭는것을 둘여워ᄒᆞᄂᆞᆫ쟈는 달은사롬이 쥭음
으로 협박ᄒᆞᄂᆞ니 대뎌 싸홈의 결과ᄂᆞᆫ 쥭는것뿐이라 그런죽 나ㅣ
감히뭇노니 ᄒᆞᆷ쎄밥을먹을세 먹을사롬은 둘이 죽디 안으면 가히죽디 안킷ᄂᆞ뇨 이제 두사롬이 여
긔잇셔 ᄒᆞᆷ쎄밥을 먹놀세 먹을사롬은 둘이요 먹을물건은 하나ㅣ라
만일 이것을 가지면 살고 가지디못ᄒᆞ면 쥭을경우를 당ᄒᆞ야 그둥
한사롬이 그달은사롬달여 말ᄒᆞ기를 너ㅣ만일 나의 밥을 다토면나
ㅣ너를 쟝차살녀두디 안홀이라ᄒᆞ면 그 사롬이 가히쥭는것을 둘
여워ᄒᆞ야 다토디안코 말겟ᄂᆞ뇨 만일 다토디안흐면 ᄯᅩᄒᆞᆫ죽을뿐이

국민개병설 (國民皆兵說)

朴容萬 著述

군수를 양홀 일은 국민의 빗진것이요 나라를 방비ᄒ눈것은 국민의 의무ᅵ니 오늘날 젼졍은 국민젼톄의 젼졍이나 한 님군의 젼졍이 안이라 그런고로 그 익임엔 국민이 그리를 눌이고 그 픽홈엔 국민이 그 화를밧고 결단코 국민이외에 달은 물건이잇셔 그 승셩과 화복을 ᄃᆡ신ᄒ야 맛디 안눈바ᅵ라 그런즉 오늘런하에 국민이되여 그리와 그 화를 자긔가 친히밧으며 같오ᄃᆡ이 일이 나의 최임이 안이라ᄒ면 그 말이 가ᄒ뇨 부ᄒ뇨 누ᅵ젼졍이나 살샹을 됴하ᄒ며 누ᅵ평화를 슬혀ᄒ이요 만은 뎌 사롬마다 나라마다 차랄히 쥐물을 업시ᄒ여가며 힘을 다ᄒ여가며 날노 군비확댱ᄒ기로 일을숨눈것은 무슨연고ᅵ뇨 아하 나ᅵ알앗노니 대뎌 닷토눈것은 불평으로좃차 싱기눈것이요 불평홈은 강

빅성교학당년소인한 가소탁부내 국미

壯志平生好讀兵　亘千萬古丈夫業
蒼磨一劍掛秋聲　文武雙全然後成

쇼년병학교감독 박용만

셔

쇼— 쓸이잇고 호랑이 발톱 잇슴은 모다 그 몸을 보호ᄒᆞ는되 뎍
용ᄒᆞ며 남을 방어ᄒᆞ는되 뎍용ᄒᆞᆫ 긔계가 되거든 하믈며 사름이
며 하믈며 국가인가 인류가 인류된 이샹과 국가가 국가된 이샹에
눈 군ᄉᆞ가 업지못ᄒᆞᆯ지니 군ᄉᆞ 업는 나라ᄂᆞᆫ 완전ᄒᆞᆫ 국가—라ᄒᆞᆯ수
업스며 군ᄉᆞ될 의무가 업는 빅셩은 완전ᄒᆞᆫ 국민이라ᄒᆞᆯ수 업도다
오호—라 우리의 동지 박용만 군은 일죽히 졍티학을 젼문ᄒᆞᆯ샌안
이라 병학에도 뜻을 셰운바잇셔 이에 국민으로 ᄒᆞ야금 다 군ᄉᆞ만
들쟈ᄂᆞᆫ 쥬의를 가지고 이쳑을 뎌술ᄒᆞ얏스니 이쳑이 비록 간단ᄒᆞ
나 한번 닑는쟈— 응당 뜻을 곳치ᄒᆞᆯ지며 이로부터 우리 민족의 무
육졍신이 한번 크게 닐허 날줄을 긔약ᄒᆞ노라

건국긔원四千二百四十四年四月十二

션프란씨스코에셔 최졍익 은 셔ᄒᆞᆷ

글이던지 우리 됴션말과 됴션글로 쓰는것은 또흔 당시와 쟝릭의 큰 리익이라 고로 나는 한문이 셰력을 일허 발이고 됴션말이 그 자리를 차지 훈것을 깃버 ᄒ 노라

건국긔원四千二百四十四년 ᄉ 월초팔일

박용만

국민개병셜 조셔

국민으로 ᄒᆞ여곰 다 군ᄉᆞ를 만들슈의는 원리 닐곱히젼에 일본에 류학ᄒᆞ는 쳥국학ᄉᆡᆼ의 언론을의지ᄒᆞ야 ᄉᆡᆼ긴것이라 그러ᄒᆞ나 그동안 겨를을 엇지못ᄒᆞ야 글ᄉᆞ조를 만들디 못ᄒᆞ엿다가 삼년젼에 비로소 글을만든후에 또 긔외를 엇디못ᄒᆞ야 이것을 누구에게 말도ᄒᆞ디못ᄒᆞ고 또ᄒᆞᆫ 어디셔출판ᄒᆞ기도 의론티못ᄒᆞ엿더니 져멋ᄉᆞ쳔고의 권ᄒᆞᆷ을인ᄒᆞ야 이것을 휴지ᄉᆞ쇽에셔 차져나ᅳ여활판에부치니 이것이 혹 유조ᄒᆞᆫ곳 잇슬는지 몰으거니와 과연 방ᄒᆡ 될것이 업는줄은 밋노라

그러ᄒᆞ나 이글을 원리 국문과 한문으로써셔보믹 그 문의와 문쟝이 족히 불만ᄒᆞ더니 이졔온젼히 국문으로 번역ᄒᆞ야노흐믹 얼마 침 그 졍신을일코 광취를 감ᄒᆞ엿슬ᄲᅮᆫ더러 또ᄒᆞᆫ 넓고보기에 말이 슌ᄒᆞ디 못ᄒᆞ게되엿스니 이는 이것을 한문국문에셔 번역ᄒᆞᆫ새둙이라 나는 이에디ᄒᆞ야 얼마침 유감이 잇거니와 일변ᄉᆡᆼ각ᄒᆞ건디 무숨

박용만 뎌술

국민개병셜 젼
〔운동군, 부록〕

북미
샹항 **신한민보샤** 힝발

青年人 朴容萬 著

國民皆兵說 全

新韓民報社 發行